Marc Brost / Marcus Rohwetter
Das große Unvermögen

Marc Brost ist Diplom-Ökonom und seit 2002 stellvertretender Ressort-leiter Wirtschaft bei der Wochenzeitung *Die Zeit*. Er wurde 2001 mit dem Georg von Holtzbrinck-Preis für Wirtschaftspublizistik ausgezeichnet.

Marcus Rohwetter ist Jurist und arbeitet seit 2000 als Redakteur im Res-sort Wirtschaft bei der *Zeit*.

Die Autoren sind Träger des Ludwig-Erhard-Förderpreises für Wirtschafts-publizistik 2003.

Marc Brost / Marcus Rohwetter

Das große Unvermögen

*Warum wir beim Reichwerden
immer wieder scheitern*

Mit einem Vorwort von Helmut Schmidt

WILEY-VCH Gmbh & Co. KGaA

2. Auflage 2004

Bibliografische Informationen Der Deutschen Bibliothek
Die Deutsche Bibliothek verzeichnet diese Publikation in der Deutschen Nationalbibliografie; detaillierte bibliografische Daten sind im Internet über <http://dnb.ddb.de> abrufbar.

© 2004 WILEY-VCH Verlag GmbH & Co. KGaA, Weinheim

Gedruckt auf säurefreiem Papier.

Satz: Typomedia GmbH, Scharnhausen
Druck und Bindung: Ebner & Spiegel GmbH, Ulm
Umschlaggestaltung: init GmbH, Bielefeld

Printed in the Federal Republic of Germany.

ISBN 3-527-50070-7

Für Rike von Marc

Für Christina, Georg und Nadja von Marcus

Sagt mal, geht einfach alles immer schneller?
Oder bin ich nur langsamer geworden?
Jeden Tag ist es, als würde man auf einem neuen Planeten
aufwachen.
Jeden Tag gibt es neue Möglichkeiten, Geld zu verdienen.
Zu sparen.
Zu verlieren.
Kommt da noch jemand mit?

Aus einem Werbespot
der HypoVereinsbank

»Ich habe mich auch nach einem Jahr
noch nicht voll an den Euro gewöhnt.«

Bundesbankpräsident
Ernst Welteke im Dezember 2002

Inhaltsverzeichnis

Kapitel 8:
Lernen fürs Leben   *143*
Warum wir mehr brauchen als ein Schulfach Wirtschaft

Vorwort

Die heutige Rentendebatte zu verstehen, ist den meisten Menschen unmöglich. Talkshows im Fernsehen oder Artikel in der Zeitung tragen nur selten zur Aufklärung bei, weil Politiker, Arbeitgeber, Verbände und Gewerkschaften die Debatte meist mit oberflächlichen Parolen bestimmen und weil manche Journalisten dergleichen lustvoll aufgreifen und sogar noch vergröbern. Deshalb können die meisten Menschen nicht zu einem eigenen Urteil gelangen. Unser Unverständnis ist dramatisch; denn es geht um die Sicherung der zukünftigen Renten.

Nicht nur in Deutschland, fast überall in Europa ist der Wohlfahrtsstaat im Laufe der letzten Jahrzehnte immer anfälliger geworden. Das hat drei Ursachen: Erstens gibt es in allen europäischen Ländern immer mehr alte und immer weniger junge Menschen. Die Gesellschaften überaltern. Zweitens haben die meisten Regierungen in Europa unter dem Druck der Erwartungen ihrer Wähler die Lebensarbeitszeit ihrer Bürger verringert und dadurch die Dauer des Bezuges ihrer Rente verlängert. Und drittens verschärft die heutige Massenarbeitslosigkeit das Problem der Versorgung durch die gesetzlichen Rentenkassen, weil Arbeitslose weder Versicherungsbeiträge noch Steuern zahlen. Unter diesen Bedingungen lässt sich der Generationenvertrag zwischen Jung und Alt nicht mehr lange in seinem heutigen Ausmaß aufrechterhalten.

Das Wort »Generationenvertrag« ist ziemlich neu. Aber das Prinzip hat es schon seit vielen Jahrhunderten gegeben: Die Eltern ernährten die Kinder, dafür haben diese, als sie erwachsen waren, die Eltern in deren letzten Lebensjahren unterhalten; allerdings war das »Altenteil« oft sehr kümmerlich. Heutzutage findet die Altersversorgung nicht mehr innerhalb der eigenen Familien zwischen Kindern, Eltern und Schwiegereltern statt, sondern der Vorgang ist für Millionen Bürger einheitlich und gesetzlich geregelt; er läuft durch die Kassen der staatlichen Versicherung.

Die Ruheständler halten es für selbstverständlich, dass sie jeden Monat ihre feste Rente bekommen und dass diese in bestimmten Jahresabständen erhöht wird, weil sie doch ihr ganzes Arbeitsleben lang Monat für Monat Beiträge in die Rentenversicherung eingezahlt haben. Nun erwarten sie eine entsprechende Gegenleistung. Und das ist moralisch auch in Ordnung. Ökonomisch ist die Sache aber viel komplizierter. Denn das Geld, das sie früher Monat für Monat in die Rentenkasse eingezahlt haben, ist damals sogleich jeden Monat für die damaligen Rentner wieder ausgegeben worden. Ebenso wird die heutige Rente der Ruheständler von den heutigen Beitragszahlern finanziert. Allerdings reichen deren Beiträge schon seit Jahrzehnten für die heutigen Rentenzahlungen nicht aus! Vielmehr kommt inzwischen mehr als ein Drittel der Rentenzahlungen direkt aus der Staatskasse. Das bedeutet: Ein Drittel aller Renten finanziert der Steuerzahler.

Ohne eine gründliche Reform ist dieses System nicht mehr lange zu halten. Denn der Anteil sowohl der Beitragzahler als auch der Steuerzahler am Volk nimmt stetig ab. Aber die Rente wird heute über einen viel längeren Zeitraum gezahlt als früher. In den sechziger Jahren des vergangenen Jahrhunderts bekamen die Menschen durchschnittlich zehn Jahre lang ihr Ruhegeld, zur Jahrtausendwende war die Bezugsdauer der Rente für Männer schon auf vierzehn Jahre, für Frauen auf mehr als achtzehn Jahre gestiegen. Wir können aber doch nicht die finanziellen Lasten der Beitragszahler und der Steuerzahler immer weiter erhöhen! Hier liegt das in den allermeisten Staaten Europas bisher ungelöste Dilemma!

Eine private Altersvorsorge, bei der jeder für sich selbst vorsorgt, kann als Ergänzung zur gesetzlichen Rente ein Schritt in die richtige Richtung sein. Allerdings: Die private Altersvorsorge über Obligationen, Aktien, Fonds, Lebensversicherung oder Wohnungseigentum birgt Risiken, denn die weltweiten Finanzmärkte sind unberechenbar. Was ist, wenn Menschen, die ihre Ersparnisse in Aktien investiert haben, bei einem Börsencrash fast alles verlieren, so wie beim weltweiten Zusammenbruch der Aktienmärkte zu Beginn des neuen Jahrhunderts? Was ist, wenn ein Fonds Pleite geht?

Ein anderes Risiko sind aber wir Menschen selbst, nämlich dann, wenn wir vom Umgang mit unserem Geld nicht genug verstehen. Dafür ist die staatliche Rentenversicherung ein herausragendes Beispiel. Aber ob es sich um unsere Rente handelt oder um unsere Beiträge und Steuern, um unsere Ersparnisse und private Altersvorsorge: Auf vielen finanziellen Feldern haben wir keinen ausreichenden Überblick. Und deshalb machen wir Fehler. Erst recht gilt das für unsere Schulden, ob es sich um einen Überziehungskredit oder um die Hypothek auf das eigene Haus handelt oder um den Kredit von der Sparkasse oder der Bank, mit dem sich jemand selbstständig gemacht hat, der sich aber später schwer damit tut, die Zinsen und die Rückzahlungen zu leisten.

Dieses Buch, von zwei jungen *Zeit*-Autoren sehr flott und bisweilen provokant geschrieben, gibt manches treffende Beispiel für Fehler, die wir machen könnten, auch für die Leichtgläubigkeit oder die Oberflächlichkeit, die manch einen in Bedrängnis bringen. Es ist eine Warnung vor dem, was wir lassen sollten. Aber es ist kein Lehrbuch, das uns sagt, was wir tun sollen! Denn was wir tun sollen, das müssen wir immer noch und immer wieder selbst herausfinden.

Hamburg, im Juni 2003   *Helmut Schmidt*

Kapitel 1
Wir sind die Dummen

Warum wir gerade jetzt
ein Problem haben

Acht von zehn Deutschen rechnen immer noch in Mark statt in Euro. Sieben von zehn verstehen das gesetzliche Rentensystem nicht. Die meisten zahlen zu viel für ihre privaten Versicherungen. Und Sie? Glauben Sie wirklich, sich mit Geld auszukennen?

Wenn die Lebensversicherer zum Jahreswechsel ihre Abrechnungen verschicken, lesen es Millionen Kunden schwarz auf weiß: Es gibt einen Unterschied zwischen Garantiezins und Gewinnbeteiligung. Wer aber weiß schon, dass eine gekürzte Gewinnbeteiligung bei der Auszahlung gleich mehrere zehntausend Euro ausmachen kann?

Wenn elf Millionen deutsche Aktionäre in diesen Tagen ihr Depot kontrollieren, sehen sie vor allem eines: rot. Kaum eine Aktie, die nicht kräftig abgestürzt ist, kaum ein Investmentfonds, der noch Gewinn abwirft. Seit dem Frühjahr 2000 wurden zwischen Flensburg und Freilassing fast 600 Milliarden Euro Aktienkapital vernichtet. Verführt hat die Anleger auch der Werbespruch der Investmentgesellschaften, man müsse doch nur jeden Monat ein paar Fondsanteile kaufen, dann würden über die Jahre hinweg selbst schwere Kursschwankungen ausgeglichen. Ein teurer Irrtum. Verstehen wir tatsächlich, wie die Börse funktioniert?

Dabei ist Geld doch nur Papier, und es zusammenzuhalten gar nicht so schwer. Dachten wir. »Es gibt keine finanzielle Allgemeinbildung«, sagt Jürgen Steiner, Professor für Finanzwirtschaft an der Universität Passau. »Nur Einbildung.«

So ergeht es uns wie Analphabeten auf dem Bahnhof. Solange es Lautsprecherdurchsagen gibt und Schaffner uns den Weg weisen, finden wir auch den richtigen Zug, selbst wenn wir die Schilder nicht lesen können. Was aber, wenn die Lautsprecheranlage ausfällt? Wenn uns der Schaffner zum falschen Gleis schickt? Erst in der Krise merken wir, wie abhängig wir von anderen sind. Dass wir uns selbst nicht helfen können. Weil wir zwar glauben, genug zu wissen, aber dennoch Analphabeten sind: finanzielle Analphabeten.

Wer den richtigen Zug nicht gefunden hat, landet bei Menschen wie Wolfgang Römer. Ombudsmann nennt sich Römer, und jeder, der mit einer Versicherung streitet, kann sich an ihn wenden. Bis zu tausend Leute im Monat schreiben oder rufen in seinem Berliner Büro an. Manchmal hat sie ihr Versicherungsvertreter falsch beraten, manchmal sträubt sich einfach nur der Sachbearbeiter in der Zentrale, ihnen zu helfen. Im Grunde aber haben die frustrierten Kunden alle das gleiche Problem: Sie durchschauen ihre Versicherung nicht. »Eine Versicherung«, sagt Römer, »übersteigt den Verständnishorizont jedes Durchschnittsmenschen.«

Das allein ist schlimm genug. Schlimmer ist, dass es den Menschen bei allen anderen Finanzprodukten genauso geht. Ihre Zahl hat inzwischen so dramatisch zugenommen, dass niemand mehr durchblickt. Früher gab es nur Sparstrumpf, Sparbuch und vielleicht noch den Bausparvertrag. Heute sollen wir unser Geld in Turbo-Bull-Zertifikate stecken, Click-Optionen kaufen, Schatzbriefe Typ A oder B erwerben, dazu einen Dynamik-Garant-Fonds zeichnen und – nicht zu vergessen – mit der Riester-Rente fürs Alter sparen. So ist es nicht ungewöhnlich, dass finanzielle Analphabeten schon im Alltag immer wieder an ihre Grenzen stoßen: Wer versteht auf Anhieb seine Gehaltsabrechnung, wo viel von »Pausch.ST-Brutto AN« oder »AVmG Kürzung/110« zu lesen ist, aber überhaupt nichts erklärt wird? Wer erledigt die eigene Steuererklärung in weniger als einer Stunde? Und wieso haben wir nach einem Termin beim Bankberater immer den Eindruck, zwar etwas unterschrieben zu haben, aber nicht genau zu wissen, was? Wenn wir ehrlich sind, haben wir doch alle das ungute Gefühl, uns beim Umgang mit Geld verdammt schwer zu tun.

Dabei ist der richtige oder falsche Umgang mit Geld überhaupt keine Frage der Intelligenz. Selbst wer gebildet ist, kann von Geld trotzdem keine Ahnung haben. Wer eine tolle Ausbildung genossen hat und jetzt einen tollen Job ausübt, hat beim Umgang mit Geld sogar ein ganz besonderes Problem: Ihm macht das Ego einen dicken Strich durch die Rechnung. Wie sonst ist es zu erklären, dass gerade Zahnärzte oder Anwälte, also Menschen mit Abitur und Studium, in den neuen Bundesländern mit wertlosen Immobilien viel Geld verloren haben?

Mehr als 40 Milliarden Euro, schätzt der unabhängige Fondsexperte Stefan Loipfinger, sind in den neunziger Jahren nach Ostdeutschland geflossen, in Wohnanlagen und Einkaufscenter, Seniorenheime und Hotels, Bürogebäude und umgebaute Fabrikanlagen – alles unter dem Siegel des Steuersparmodells und alles großzügig gefördert vom Staat. Gerade die so genannten Besserverdienenden nämlich sehen beim Umgang mit Geld vor allem ein Ziel: Steuern zu sparen. Und da schien nach der Wiedervereinigung der wilde Osten das wahre Paradies zu sein. Zumindest versprachen das die zahllosen Immobilienvermittler, die nach der Wende vor allem bei Ärzten, Anwälten, Unternehmern und Topmanagern um Geld warben. Ihr dickster Köder: die Aussicht auf das »größte Steuergeschenk des letzten Jahrhunderts«, so das Nachrichtenmagazin *Der Spiegel.* Ihr wichtigstes Argument: der Appell an das Wissen ihrer Kunden.

Die Hälfte der in die Immobilien investierten Summe konnte sofort vom steuerpflichtigen Einkommen abgezogen werden; wer also als Spitzenverdiener einen Steuersatz von 50 Prozent hatte, bekam vom Finanzamt praktisch ein Viertel der Investitionssumme geschenkt. Heute stehen die schönen Bauten leer, niemand will einziehen, niemand will Miete zahlen. Im Sumpf aus geschönten Prognosen und kriminellen Machenschaften sind 30 Milliarden Euro für immer versunken.

Schlecht für die Anleger: Viele von ihnen finanzierten ihre Investition per Darlehen, getreu dem Motto aller Steuersparer, doch lieber ein paar Euro Schulden zu haben als diese Euro dem Fiskus zu gönnen. Jetzt dürfen sie ihre Kredite abstottern und müssen schlimmstenfalls noch weiteres Geld in die unverkäufliche Immobilie stecken, weil genau das im Kleingedruckten des Vertrages stand. Diese Last aber ist für die Geprellten kaum noch zu stemmen.

Wir alle sind finanzielle Analphabeten, ganz gleich ob Vorstand oder Vorarbeiter. Und deshalb brauchen wir Schaffner, die uns im Durcheinander des Bahnhofs den Weg weisen. Doch guter Rat ist nach wie vor Glückssache. Die meisten Finanzberater arbeiteten mit Standardkonzepten, haben die Forscher von Cap Gemini Ernst & Young ermittelt. Häufig versuchten sie alles, um den Kunden andere als die von ihnen gewünschten Produkte zu verkaufen, heißt es in der Studie. Im Klartext: Man setzt uns alle in den gleichen Zug und für viele ist es der falsche. »Die Anleger sind nicht wirklich aufgeklärt«, sagt Wirtschaftsprofessor Steiner. »Deshalb kann man sie auch so leicht über den Tisch ziehen.«

Das tägliche Scheitern

Was in Deutschland lange Zeit nur Gedankenspiele von Wissenschaftlern waren, wird jetzt bittere Realität: Die staatlichen Rentenreserven sind so niedrig wie nie, die Regierung erhöht die Rentenbeiträge, die Opposition ruft »Wahlbetrug!«, und die meisten Bürger verstehen nur, dass sie heute viel mehr zahlen und künftig viel weniger haben werden. Aber wer kann schon in einem Satz erklären, was die Beitragsbemessungsgrenze ist?

Dabei wäre es gerade jetzt wichtig, dass wir alle den Durchblick haben. Weil die gesetzliche Rente nicht mehr ausreicht, muss schon heute jeder privat fürs Alter sparen. Bloß wie?

So werden finanzielle Analphabeten zum gesellschaftlichen Problem. Auf 100 Menschen zwischen 20 und 60 Jahren kommen in Deutschland heute 40 Menschen, die 60 Jahre und älter sind. Mitte des Jahrhunderts aber werden es schon mehr als 90 sein, schätzt der Bielefelder Bevölkerungswissenschaftler Herwig Birg. Heute stellen die Senioren noch 22 Prozent der Bevölkerung, im Jahr 2050 jedoch werden es 41 Prozent sein. Die Alterspyramide kippt. Und das staatliche Rentensystem ist dem kaum gewachsen. Heute kommen zwei Erwerbstätige für einen Rentner auf, bald muss das einer allein leisten. Nicht zu vergessen: Schon heute erhalten die wenigsten Senioren tatsächlich eine Rente von 70 Prozent des letzten Nettoeinkommens. Experten gehen davon aus, dass das Rentenniveau bei Männern eher bei 60 Prozent liegt, bei Frauen sogar wesentlich niedriger. Der Grund: Immer weniger Erwerbsbiografien verlaufen heute geradlinig. Wer ein paar Jahre im Ausland arbeitet, für die Kindererziehung eine Auszeit nimmt oder für die Doktorarbeit zurück an die Uni geht, bekommt später eine kleinere Rente. Die meisten Arbeitnehmer werden ihren Lebensstandard im Alter daher nur halten können, wenn sie zusätzlich privat vorsorgen. Oder besser gesagt: wenn sie *richtig* vorsorgen. Doch das tun die wenigsten.

Die Riester-Rente kann unsere Rentenlücke sowieso nicht füllen, dazu ist sie viel zu gering. Um das Rentenniveau zu halten, müsste jeder Einzelne 40 Jahre lang vier Prozent seines Bruttolohns in einer Riester-Rente gespart haben. Aber wer macht das schon? So wächst aus einem individuellen Handicap eine gesamtwirtschaftliche Katastrophe: Es mag ja heute ganz wunderbar plausibel sein, wenn Politiker jeder Couleur mehr Eigenverantwortung bei der Altersvorsorge fordern; immerhin sind die Staatskassen leer und die Sozialsysteme reformfällig. Wenn uns die Altersvorsorge nun aber zunehmend selbst überlassen bleibt und wir dabei scheitern, muss am Ende doch wieder der Staat einspringen. Der aber hat auch kein Geld. Schon in ein paar Jahren könnte der Begriff der Altersarmut in Deutschland eine ganz neue Dimension erreichen.

Die Lage ist ernst. Und was noch erschwerend hinzukommt: Wir haben mehr Probleme als nur die Rente. Wir scheitern schon beim täglichen Umgang mit Geld. Wir zahlen zu viel für unsere Kredite und merken es nicht; wir haben viel zu viele Versicherungen und freuen uns dennoch, wenn unser Berater mit einem Vorschlag für eine weitere, natürlich ganz wichtige Police kommt; wir halten den Bausparvertrag tatsächlich für die günstigste Möglichkeit, zum eigenen Haus oder zur eigenen Wohnung zu kommen; wir haben ein solides Einkommen und wundern uns, dass es dennoch nicht bis zum Monatsende reicht. Noch nie haben die Deutschen so sehr auf Pump gelebt wie heute. Im Schnitt ist in der Bundesrepublik jeder Privathaushalt mit fast 40 000 Euro verschuldet, hat der Bundesverband Deutscher Inkasso-Unternehmen berechnet. Mehr als 2,8 Millionen Haushalte können ihre Kredite überhaupt nicht mehr abbezahlen.

Ganz gleich, ob Versicherungskunden oder Kleinaktionäre, Selbstständige oder Angestellte: Geld geht uns alle an, aber dennoch beschäftigen wir uns ungern damit. Sich um die Finanzen zu kümmern macht Arbeit, kostet Zeit und ist verdammt kompliziert. Das betrifft vor allem jene, die sich keine teuren Berater leisten können, also die Menschen aus unteren Einkommensschichten. Nicht einmal jeder Zweite von ihnen beschäftigt sich gern mit den Details eines Fondssparplans, den Einzelheiten der Berufsunfähigkeits-Versicherung oder den Fußnoten im Kreditantrag, wie es im *Vorsorgereport* der Bertelsmann-Stiftung heißt.

Doch gibt es überhaupt jemanden, der ein Interesse daran hat, unsere finanzielle Bildung zu verbessern?

Banken und Versicherer müssten eigentlich an aufgeklärten Kunden interessiert sein, denn so ließen sich spätere Gerichtsprozesse schon im Vorfeld vermeiden: »Es wird immer mehr darauf ankommen, die Kunden ein Leben lang zu behalten, denn wegen der Bevölkerungsentwicklung werden die Kunden immer weniger«, sagt Gerhard Rupprecht, der Vorstandschef des größten deutschen Lebensversicherers, Allianz Leben. »Einmal hingehen, schneller Abschluss, nie mehr wiedersehen, das ist nicht das Geschäftsmodell, das zukunftsträchtig ist.« Die Realität freilich sieht in Deutschland anders aus. »Jede zweite Beratung zur Riester-Rente« sei mangelhaft, schätzt der Bund der Versicherten.

Nicht nur die Möglichkeiten der Geldanlage haben drastisch zugenommen, auch die Zahl der Verkäufer ist heute deutlich größer als noch vor einigen Jahren: Finanzvertriebe wie MLP, AWD oder DVAG werben Jahr für Jahr neue Vermittler an, die dann natürlich auch Kunden brauchen. Dazu kommen die vielen ausländischen Banken und Fondsgesellschaften, die den deutschen Markt – immerhin den größten Europas – als einträgliches Geschäftsfeld entdeckt haben. Theoretisch könnte der schärfere Wettbewerb um Kunden ja die Qualität der Beratung verbessern. Könnte. Es passiert aber nicht. Warum auch? Wenn die geprellten Anleger feststellen, dass sie schlecht beraten wurden, ist es meist schon zu spät. Dann ist der empfohlene Aktienfonds um 90 Prozent abgestürzt. Oder der Vertragsabschluss bei der Lebensversicherung liegt bereits 30 Jahre zurück.

Auch von den Medien ist kaum Hilfe zu erwarten. Die kämpfen um Auflagen oder Quoten, und enthusiastische Schlagzeilen oder euphorische Einspielfilmchen machen sich da allemal besser als grundlegende Informationen. Gestern noch bejubelten Wirtschaftsmagazine und Zeitungen die Aktie, heute feiern sie das Sparbuch, eben ganz so, wie es der Trend verlangt. Und eine Fernsehsendung wie die *Telebörse*, die, von Banken gesponsert, ursprünglich den Deutschen den Kapitalmarkt erklären sollte, ist längst zum Randgruppen-TV verkommen.

Der Staat? Er verpflichtet seine Bürger zur privaten Altersvorsorge, kümmert sich aber nicht um die Information. »In unseren Prospekten müssen wir den Menschen erst einmal ausführlich erklären, was sich in der gesetzlichen Rentenversicherung künftig ändert«, sagt Allianz-Leben-Chef Rupprecht. »Die Politik vernachlässigt ihre Aufgaben.«

Und die Schulen? Sie sind weit davon entfernt, »allen Schülern eine ökonomische Grundbildung als Teil einer zeitgemäßen Allgemeinbildung zu vermitteln«, kritisiert Reinhold Weiß vom Institut der deutschen Wirtschaft in Köln. Dabei gibt der Staat jedes Jahr rund 40 Milliarden Euro für Bildung aus: für Biologiebücher und Landkarten, für die Gehälter von Kunstlehrern und so weiter. Nur für den Umgang mit Geld ist kein Geld da.

Zu den Schuldnerberatungen wiederum kommen die Menschen erst, wenn es bereits zu spät ist. Oder sie bekommen keinen Termin: In Hamburg muss man inzwischen mehr als 200 Tage warten, bis die Schuldnerberater der Bezirksämter Zeit haben. Und selbst dort, wo wir alle unsere ersten Fähigkeiten lernen – etwa zu sprechen, zu laufen und unseren Namen zu schreiben –, wird das Thema Geld falsch angepackt: in der Familie. Geld ist unter deutschen Dächern eben immer noch ein Tabu.

Planlos ins Abenteuer

Manchmal kommt das Ende sogar noch vor dem Start. Wochenlang war Peter Gießer (Name geändert) durch Frankreich gefahren und hatte Lieferanten für Gänseleber, Wein und Pasteten gesucht. Wenn er nicht unterwegs war, kümmerte sich der 37-Jährige um die Einrichtung seines kleinen Feinkostladens im Hamburger Norden: Gießer baute eine große Verkaufstheke, er schraubte Regale und entwarf sogar die Lampen. Das nötige Kapital kam vom Arbeitsamt – als Überbrückungsgeld.

Bloß: Als Gießer das neue Geschäft eröffnen wollte, hatte er zwar Lieferanten, aber keine Kunden; er hatte Schulden, aber kein Geld mehr, um Waren zu kaufen. Und die Bank? Sie gab unter diesen Umständen sowieso keinen Kredit. Der Feinkosthändler hatte grob gepatzt und die Finanzplanung vergessen. Gießers Traum vom eigenen Geschäft war ausgeträumt.

Dass Kleinunternehmer nicht wissen, wovon sie die nächste Rechnung bezahlen sollen, erlebt Martin Jung häufiger. Zu häufig, meint der Chef der Hamburger Unternehmensberatung Evers & Jung: »Sie machen wunderbare Businesspläne, legen los und stellen plötzlich fest, dass sie kein Geld mehr haben.« Seit Ende 2001 betreibt Evers &

Jung in der Hansestadt das von der Wirtschaftsbehörde geförderte Firmenhilfe-Telefon. Es ist eine Hotline für Pleiten, Pech und Pannen. Weil sich viele immer noch mit den falschen Vorstellungen selbstständig machen. Weil sie falsch beraten werden. Und weil ihnen schlicht die finanziellen Kenntnisse fehlen. Wann rechnet sich ein Kredit und wann nicht? Wo gibt es welche Förderprogramme und wie vergleicht man sie? Und warum ist es eigentlich so überlebenswichtig, jederzeit den Überblick über die laufenden Einzahlungen und Auszahlung zu haben?

Tatsächlich wissen das die wenigsten und scheitern.

Das ist fatal in einer Gesellschaft, die wie niemals zuvor auf Eigenverantwortung setzt. Die ihr größtes Problem, die Massenarbeitslosigkeit, auch dadurch lösen will, dass Menschen ohne Job lieber eine Ich-AG gründen, als weiter die Staatskasse zu belasten. Schon heute gehen mehr als drei Viertel aller Insolvenzen auf das Konto von Unternehmen mit weniger als zehn Beschäftigten, haben die Marktforscher von Creditreform beobachtet. Und das liegt nicht nur daran, dass die Banken gerade bei kleinen Betrieben mit Krediten knausern.

Deutschlands neue Unternehmer haben offensichtlich ein Problem im Umgang mit Geld. Was soll man schon erwarten, wenn finanzielle Analphabeten sich selbstständig machen?

15 Jahre hat Werner Krug (Name geändert) gute Geschäfte gemacht, sehr gute sogar. Von den fast 125 000 Euro, die der selbstständige Informatiker jedes Jahr umsetzte, ist ihm immer ein anständiger Gewinn geblieben – genug jedenfalls, um die Raten für die Eigentumswohnung zu bezahlen, alle paar Monate einen schönen Urlaub zu haben und auch sonst nicht schlecht zu leben. Doch die Wirtschaftskrise erwischt ihn voll. Als Krug beim Sorgentelefon der Firmenhilfe anruft, hat er fast keine Kunden mehr und erst Recht keine Einnahmen. Bloß das Finanzamt meldet sich regelmäßig und drängt auf die fälligen Steuervorauszahlungen. Die richten sich nach den Geschäften des Vorjahres, und da war Krug ja noch gut dabei. Dumm auch, dass der Computerfachmann in den guten Jahren nichts zurückgelegt hat. Und dass er den Kontokorrentkredit der Bank – also den Überziehungskredit des Kleinunternehmers – voll ausgeschöpft hat, immer schon. Jetzt will der Fiskus von ihm Geld, die Bank wiederum will keines geben und die Raten für die Eigentumswohnung müssen auch noch bezahlt werden.

Krug steht vor dem Aus.

Wenn Kleinunternehmer ihr Geschäft vor die Wand fahren, liegt das nicht immer nur daran, dass sie die einfachsten kaufmännischen Regeln ignoriert haben. Dass sie zum Beispiel vergessen haben, auch an die Rechnungen von übermorgen zu denken oder daran, einen Auftrag erst dann anzunehmen, wenn sie vorher genau kalkuliert haben, ob er sich auch lohnt. Wenn Werner Krug seinen Einmannbetrieb voll über den teuren Kontokorrentkredit finanziert – ein Darlehen, das von der Bank sofort und jederzeit gekündigt werden kann –, dann macht er zwar das Gleiche wie viele Selbstständige. Aber er zeigt vor allem eines: dass er vom Umgang mit Geld keine Ahnung hat. »Jeder Unternehmer muss wissen, welche Finanzprodukte es gibt und wie man sie anwendet«, sagt Martin Jung. Krug zum Beispiel hätte besser ein langfristiges Darlehen aufgenommen – zu einem festen Zins – und es dann Monat für Monat abgestottert. Das hatte dem Informatiker vorher bloß keiner gesagt.

Es gibt ein paar Tricks, mit denen sich Analphabeten selbst dann auf einem Bahnhof zurechtfinden, wenn sie sich nicht auf die Lautsprecheranlagen verlassen wollen und auch nicht auf irgendwelche Schaffner. Sie könnten sich schon vorher schlau machen. Sie könnten sich die Wegbeschreibung auf ein kleines Diktiergerät sprechen lassen und dann im Bahnhof einfach den Anweisungen folgen. Mit anderen Worten: Sie könnten sich organisieren.

Finanzielle Analphabeten könnten das auch. Im Idealfall müsste jeder seine Finanzen genauso organisieren, wie das ein großes Unternehmen macht – mit einer Übersicht aller Einnahmen und Ausgaben und dem genauen Vermögensstand. Volker Looman weiß, dass die Realität anders aussieht. Viele seiner Kunden, erzählt der freie Finanzanalytiker aus Reutlingen, haben den Überblick über Soll und Haben längst verloren. Und das wird zum Problem. »Bei der Geldanlage ist die ehrliche Selbsteinschätzung das Allerwichtigste«, sagt Looman. Bloß: Wenn man nicht weiß, was man hat, weiß man auch nicht, was man braucht.

Und manchmal trifft es ein ganzes Dorf

Als der Schwindel aufflog, wankte die Südpfalz. Schätzungsweise 3 500 Bewohner der Weinregion waren auf eine dubiose Finanzfirma hereingefallen und verloren angeblich mehrere hundert Millionen Euro. Das war im Herbst 2001.

Dabei hörte sich alles so gut an, was der Berater der Firma Commodity Trading Service (CTS) den Menschen im Pfalzkurort Bad Bergzabern versprach. Seine Firma, mit ausgezeichneten Kontakten nach Frankreich und in die Vereinigten Staaten, verdiene mit Warentermingeschäften außerordentlich viel und wolle nun auch andere an dem Geldsegen teilhaben lassen. Wie die komplizierten Geschäfte im Einzelnen funktionierten, brauchte man nicht zu wissen; wichtig war allein: Sie warfen bis zu acht Prozent Rendite ab. Und zwar jeden Monat. Zweifel hatte kaum einer der Anleger, die dem CTS-Mann bisweilen ihr ganzes Vermögen anvertrauten. Warum auch, schließlich machte ja schon der halbe Ort mit. Und alle schienen reich zu werden – Nachbarn, Bekannte, Freunde, Finanzbeamte, Lehrer, sogar Polizisten, von denen einer angeblich nur noch im Ferrari zur Arbeit fuhr. Die Geldmaschine CTS zog immer mehr Menschen in ihren Bann. In den späten neunziger Jahren waren es gerade mal hundert, später mehrere Tausend Anleger. Bis der Traum vom großen Geld platzte und CTS nicht mehr zahlen konnte.

Um die Finanzfirma kümmerte sich fortan der Staatsanwalt. Sein Verdacht: Die versprochenen Warentermingeschäfte habe es nie gegeben, stattdessen soll CTS ein illegales Schnellballsystem betrieben haben. Mit dem Geld der neuen Kunden beglich die Finanzfirma die Forderungen derjenigen, die schon länger dabei waren. So etwas funktioniert nur, solange die Zahl der Neukunden exponential zunimmt. Bleibt der Nachschub aus, bricht das System zusammen. Gewinner sind regelmäßig nur die ersten Teilnehmer. Wer später kommt, verliert. Garantiert.

Am Ende waren wohl mehr als 200 Millionen Euro vernichtet. Eine persönliche Katastrophe für die Menschen aus Bad Bergzabern und der Umgebung, die so dumm waren, den überzogenen Verheißungen zu glauben: Kleinverdiener, die vom schnellen Reichtum träumten. Familienväter, die sich mit dem Geld der CTS das Grundkapital für den Bau der eigenen vier Wände besorgen wollten. Schon bald könnten in der Südpfalz hunderte von Einfamilienhäusern zwangsversteigert werden.

»Gier frisst Hirn«, geißelte die Lokalzeitung *Rheinpfalz* die kollektive Gutgläubigkeit vieler Südpfälzer und überbrachte den Geschädigten gleich eine weitere Hiobsbotschaft: Die angeblichen Gewinne aus dem CTS-Geschäft müssen auch noch versteuert werden. Und zwar selbst dann, wenn sie nur auf dem Papier der Kontoauszüge standen, die CTS regelmäßig verschickt hatte. Dass die Renditen nie erwirtschaftet wurden, spielt nach Auffassung der Finanzbehörden keine Rolle. Schließlich hätten die Betroffenen ja jederzeit die Auszahlung verlangen können. Wer sein Geld lieber bei CTS ließ, damit es sich noch schneller vermehrte, hat nun doppelt Pech: Totalverlust und Steuerschulden. Und da es sich in vielen Fällen um sechsstellige Summen gehandelt hat, stehen viele Südpfälzer mit dem Höchststeuersatz in der Verantwortung. Die ersten Prozesse vor den Finanzgerichten laufen bereits.

Man muss kein Genie sein

Vor der Einführung des Euro tourte ein Student mit dem Infomobil der EU-Kommission durchs Land, um die Deutschen über die neue Währung zu informieren. »Es war schon schwierig, ihnen die Faustregel zu erklären, dass ein Euro etwa zwei Mark sind«, sagt er. Eine Mittfünfzigerin aus Dortmund war davon nicht zu überzeugen. »Auch nicht mit dem Beispiel Äpfel. Ob man nun zwei Pfund Äpfel oder ein Kilo hat, das ist doch die gleiche Menge. Aber nicht einmal das hat sie mir geglaubt.« Geld ist eben nicht so leicht zu verstehen, wie viele glauben.

Mit Zahlen, sagt Gerhard Rupprecht, hätten viele Anleger und Verbraucher nichts am Hut. Der Mann muss es wissen: Rupprecht, der Vorstandschef der Allianz Lebensversicherung, ist Mathematiker. Mehr als neun Millionen Policen verantwortet der 54-Jährige, so viel wie kein anderer in Deutschland. »Man muss kein Genie sein, um zu verstehen, wie eine Lebensversicherung funktioniert«, sagt er. »Ein gewisses Verständnis für Zins und Zinseszins reicht schon aus.« Aber wer hat das tatsächlich? Es gibt Abiturienten, die können nicht mal prozentrechnen.

Um wie viel Prozent muss eine Aktie zulegen, um 50 Prozent Verlust wieder auszugleichen? 50? Falsch! Es sind 100.

Wir leben in einer Welt, die in vielen Bereichen ziemlich kompliziert geworden ist, und dennoch scheitern wir fast ausschließlich in der Disziplin Geld.

Kennen Sie die technischen Details eines Turbodiesels? Wissen Sie genau, wie ein Fünfganggetriebe funktioniert? Oder was eine Viskosekupplung ist? Zehn Millionen Autos werden jedes Jahr in Deutschland zugelassen, aber auf diese drei Fragen antworten die wenigsten Autofahrer mit Ja. Wahrscheinlich ist ein Auto sogar der komplizierteste Gegenstand, den wir uns jemals anschaffen. Trotzdem treffen wir meist die richtige Wahl. Wenn ein Ehepaar mit zwei Kindern und Hund ein neues Auto braucht, wählt es einen Kombi und kein Sportcoupé mit Anhängerkupplung und Wohnwagen. Wenn ein überzeugter Single ein paar Euro übrig hat, legt er sich ein Cabrio zu – und keinen siebensitzigen Minivan. Und wenn ein selbstständiger Malermeister ein neues Firmenfahrzeug braucht, nimmt er bestimmt keinen Smart.

Ein Auto kauft man eben immer nur für die nächsten vier oder fünf Jahre – eine Lebensversicherung dagegen rechnet sich erst nach 30 Jahren. Und wer kann diesen Zeitraum schon überblicken?

Post für den Beschwerdeonkel

Wolfgang Römer ist ein kleiner, untersetzter Mann mit einem rosigen Gesicht und großen Segelohren. Seine Brille hat wahrscheinlich die Kasse bezahlt. Ein bisschen erinnert er an Dagobert Lindlau, der früher im Fernsehen den *Weltspiegel* moderierte und den Deutschen die Welt erklärte. Wolfgang Römer erklärt den Deutschen die Welt der Versicherungen. Und er hilft ihnen, wenn es Ärger gibt. »Ich bin der Fremde, der den Unternehmen in die Tasche greift«, sagt der 66-Jährige.

Wolfgang Römer ist ein lustiger Mann, der nach jedem zweiten, dritten Satz mit dem Auge zwinkert, und er ist einer, der gern alles unter Kontrolle hat. Am Anfang, im Oktober 2001, als der neue Ombudsmann für Versicherungen sein Berliner Büro bezog, hat er seinen Mitarbeitern erst einmal gezeigt, wie man richtige Briefe schreibt. Also verständliche Sätze, nicht die komplizierten juristischen

Formulierungen, die in den Briefen der Versicherer stehen und die die Kunden auch dann nicht begreifen, wenn sie diese Briefe drei Mal gelesen haben.

Beim Kauf eines Autos können wir mit allen Sinnen vorgehen: Wir können es anschauen, anfassen, das Geräusch des Motors testen und nachprüfen, ob die Heckklappe richtig schließt. Selbst unsere Nase spielt eine wichtige Rolle: Vielleicht hat der Vorbesitzer ja stark geraucht.

Bei einem Versicherungsvertrag bringt das alles nichts. Ein Versicherungsvertrag ist ein Stück Papier und das Wichtigste dabei sind die Informationen. Blöd für uns, dass es zwischen Kunden und Versicherungsvermittlern ein ziemlich großes Informationsungleichgewicht gibt. Wir Kunden haben vielleicht drei, vier Mal in unserem Leben mit einer Versicherung zu tun – die Verkäufer dagegen mehrmals am Tag. Und hinter den Verkäufern stehen die juristischen Fachabteilungen der Konzerne, die das Kleingedruckte in die Verträge schreiben und daher genau wissen, was drinsteht und was es bedeutet. Die meisten Kunden wissen dies nicht. Und fallen regelmäßig rein.

Höchstens jeder zehnte Versicherte in Deutschland, sagen Verbraucherschützer, hat den Versicherungsschutz, den er braucht. Laut Statistik hat mehr als ein Drittel der deutschen Haushalte keine Privathaftpflicht – obwohl die wichtig und sinnvoll ist. Zum Beispiel, wenn die Waschmaschine in der Wohnung leckt und das Wasser durch den Fußboden in die Wohnung darunter läuft. Oder wenn man auf einer Party den guten Rotwein aufs weiße Designer-Sofa der Gastgeber verschüttet. Die Deutschen geben ihr Geld für Policen aus, die sie nicht brauchen: Fast jeder zweite Haushalt leistet sich eine Rechtsschutzversicherung – doch diese ist in der Regel reiner Luxus. Und häufig werden Büroangestellten teure Unfallpolicen verkauft statt der viel wichtigeren Versicherung gegen Berufsunfähigkeit. Das heißt: Gegen Invalidität durch Unfall sind sie versichert, obwohl das selten passiert. Gegen Invalidität durch Krankheit sind sie es nicht; dabei kommt das viel häufiger vor. Jeder vierte Deutsche wird im Laufe seines Arbeitslebens berufsunfähig.

Fast 1 300 Euro gibt jeder Einzelne von uns rein statistisch jedes Jahr für private Versicherungen aus. Viel zu viel. Eine dreiköpfige Familie, die von einem teuren Anbieter zum preisgünstigsten Versicherer wechselt, kann dabei leicht 1 000 Euro sparen – und zwar jährlich.

Wenn der Postbote in Wolfgang Römers Büro in Berlin-Mitte die Beschwerden der Versicherten bringt, sortieren die Mitarbeiter des Ombudsmanns die Briefe erst einmal vor: braune Box für Fälle aus der Lebensversicherung, grüne Box bedeutet Unfallpolice, bei Rot geht es um die Rechtsschutzversicherung und so weiter. Manchmal schreiben auch Anwälte, die gerade einen frustrierten Mandanten haben und jetzt einfach wissen wollen, ob nicht Römer noch einen Rat hat. Meist muss er das gar nicht. Denn die Versicherungen lenken auch dann schon ein, wenn sich der Ombudsmann nur bei ihnen meldet. Ein schlechtes Gewissen nennt man das wohl.

Und dennoch kann Römer den aufgebrachten Versicherungskunden viel zu oft gar nicht helfen. Weil ihre Beschwerde gar nichts bringt. Weil die Kunden viel zu spät merken, was sie da eigentlich unterschrieben haben. Und weil sich leider 30 Jahre nach Vertragsabschluss kaum noch beweisen lässt, dass der Vermittler damals im Beratungsgespräch doch etwas ganz anderes erzählt hat als das, was letztendlich im Kleingedruckten der Police steht. Es trifft vor allem die zigtausend Lebensversicherten, die im festen Glauben waren, die so genannte Überschussbeteiligung sei eine garantierte Auszahlung. Jetzt, in der Wirtschaftskrise, da die Versicherer ihre Garantieverzinsung gleich mehrmals gesenkt haben, bekommen die Kunden auf einmal weniger Geld. Wer dann die Lebensversicherung auch noch zur Baufinanzierung eingesetzt hat und die Überschussbeteiligung fest einkalkulierte, ist nicht nur ein finanzieller Analphabet. Er ist auf einmal auch ziemlich arm dran.

Jahre des Wahns

Ein Drittel der deutschen Lebensversicherer wird die gegenwärtige Wirtschaftskrise nicht überstehen, heißt es in einer Studie der Investmentbank Goldman Sachs. Die Unternehmen kämpfen mit neuen Bilanzierungsregeln, sie leiden unter den sinkenden Zinsen und dem weltweiten Kursverfall an den Börsen. Einigen Anbietern, so die Prognose der Banker, werde es künftig sogar schwer fallen, überhaupt die gesetzliche Mindestverzinsung zu erreichen. Von den 120 Versicherungsunternehmen in Deutschland haben 90 einen Marktanteil von weniger als einem Prozent. Eine gnadenlose Auslese steht bevor.

Da ist es gut zu wissen, wo man sein Geld investiert hat. Schlecht nur, wenn man sich zur falschen Wahl verleiten ließ.

»Wir haben die schwierigste Lage der Branche seit dem Zweiten Weltkrieg«, räumt inzwischen sogar Bernd Michaels ein, der Cheflobbyist der deutschen Versicherungswirtschaft. Von einer Krise freilich will der Verbandspräsident nichts wissen.

Die Lebensversicherer sind in Deutschland so etwas wie die Kapitalsammelstellen der Nation: Im Jahr 2002 waren es mehr als 65 Milliarden Euro, die in die Kassen der Versicherungskonzerne flossen. Ihr wichtigstes Lockmittel im Wettbewerb mit den Fondsgesellschaften ist die Rendite. 2002 zahlten die Versicherer ihren Kunden im Schnitt eine Überschussbeteiligung von mehr als sechs Prozent, erst für das Jahr 2003 – viel zu spät – sinkt der Schnitt auf rund fünf Prozent.

Das Problem der Unternehmen (und damit auch der Versicherten): Um im Wettbewerb mit den Fondsgesellschaften zu bestehen, haben die Lebensversicherer vom Geld ihrer Kunden im Börsenboom kräftig Aktien gekauft. Weil die Versicherer so viel Geld bewegen, waren sie eine der großen Auftriebskräfte für den Höhenflug des Deutschen Aktienindex Dax. Noch im Frühjahr 2000, als viele schon vor dem drohenden Börsenkollaps warnten, haben die Versicherungskonzerne weiter Aktien gekauft. Ohne es zu wissen, haben die Versicherungskunden – die gerade bei Neuabschlüssen vor allem auf die schöne Rendite schielten – die Spekulationsblase am deutschen Aktienmarkt indirekt mit verursacht.

Genauso ging es in die andere Richtung: Um ihre Verluste im Börsencrash nicht allzu groß werden zu lassen, mussten die Versicherer große Aktienbestände verkaufen, als alle verkauften, und verstärkten damit den Abwärtstrend. Heute sind die Aktienreserven der Versicherer gleich null. Vielen fehlen jetzt nicht nur die Erträge aus den Geldanlagen, sie müssen ihre Papiere sogar abschreiben.

Und Sie haben gedacht, eine Versicherung sei auf alle Fälle sicher?

Wir sind alle finanzielle Analphabeten. In den neunziger Jahren aber glaubten wir auf einmal, wir hätten das Lesen gelernt. Die Lebensversicherer lockten mit unglaublichen Renditen, und wir griffen zu. Telekom, Mobilcom, Pixelpark und Intershop gaben ihre Aktien aus – und wir waren dabei. Deutschlands Manager genehmigten sich astronomische Gehälter – es war ihnen gegönnt, die Börsenkurse stiegen ja! So viele Softwarefirmen und Internetbuden, wie nun auf den Markt kamen, konnte die Welt niemals brauchen – sei's drum, ihre Aktien machten uns doch reich! Wir kauften Puts und Calls und gaben unser Geld bedenkenlos einem Mann, über den die *Frankfurter Allgemeine Sonntagszeitung* heute schreibt, er sehe aus »wie ein abgehalfterter Pilot von Ryanair« – Thomas Haffa, der Gründer von EM.TV.

Die Neunziger waren das Jahrzehnt, in dem viel von Geld, aber nie von Substanz die Rede war. Was kümmerten uns die Warnungen vor der Rentenlücke und dem drohenden Kollaps der Sozialsysteme? Wir waren reich, und wer es noch nicht war, fühlte sich wenigstens so.

Die Krise ist die Chance zum Umdenken. Jetzt, kurz nach der Jahrtausendwende, merken die Menschen, dass sie von Geld wenig Ahnung haben; im nächsten Boom dagegen glaubt wieder jeder, alles zu wissen. Doch es ist »eine trügerische Vorstellung, Geld und Intelligenz müssten miteinander einhergehen«, spottete schon der amerikanische Ökonom John Kenneth Galbraith. »Finanzgenie ist man nur bis zum Bankrott.«

Kapitel 2
Die Ego-Falle

Warum wir uns immer
wieder selbst betrügen

Natürlich gibt es Menschen, die das staatliche Rentensystem verstehen. Die zu jeder Zeit den exakten Überblick über ihre Finanzlage haben. Und die sehr gut wissen, dass ihr Bankberater vor allem die Interessen seines Arbeitsgebers im Blick hat. Doch auch sie machen Fehler, immer wieder. Weil sie sich selbst im Weg stehen.

Wissen allein schützt eben nicht. Auch ein Alkoholiker weiß im Grunde, dass Alkohol eine Droge ist. Dennoch trinkt er weiter. Das mag man Abhängigkeit oder Willensschwäche nennen – aber es ist genau diese menschliche Komponente, die uns auch beim Umgang mit Geld regelmäßig einen Strich durch die Rechnung macht. Ungeduld und Willensschwäche beeinflussen unser Handeln. Selbst wenn die Menschen die besten Mittel kennen, sind sie manchmal einfach nicht in der Lage, diese Mittel auch anzuwenden. Ein Beispiel: Zwei Drittel der US-Bürger glauben, dass sie fürs Alter zu wenig vorsorgen, hat die Investmentbank UBS Warburg herausgefunden. Mehr als ein Drittel will daher mehr sparen. Fragt man jedoch einige Monate später nach, hat kaum jemand tatsächlich mehr Geld auf die Seite gelegt.

Wer verstehen will, warum wir uns anders verhalten, als es für uns und unseren Geldbeutel gut wäre, muss Forscher wie Ernst Fehr fragen. Gern wird der Schweizer Ökonom als »Revolutionär« bezeichnet, als Rebell gegen die traditionellen Gesetze seiner Wissenschaft. Der Rebell trägt Wollpullover und Seitenscheitel. In seinem Institut an der Universität Zürich hat sich Fehr ein Labor eingerichtet. Dort sitzen die Versuchsteilnehmer an Computerbildschirmen und simulieren die wirtschaftliche Realität: Sie handeln Löhne und Gehälter aus; sie spielen Käufer und Verkäufer; sie legen Geld an oder geben es aus. Fast immer jedoch verhalten sich die Probanden anders, als es die Theorie vorsieht. Weil die traditionelle Ökonomie von einem falschen Menschenbild ausgeht.

Es war der britische Ökonom Adam Smith, der mit seinem 1776 veröffentlichen Buch *Wohlstand der Nationen* dieses traditionelle Bild von Mensch und Wirtschaft geprägt hat. So basieren heute alle ökonomischen Gesetze auf der Annahme, dass wir uns wie ein Homo oeconomicus verhalten: Unser Ziel ist es, von allem mehr zu haben – mehr Profit, mehr Geld, mehr Macht. Deshalb versuchen wir auch, so gut es geht, unsere eigenen Interessen durchzusetzen. Und damit wir das können, sind wir gleichsam in der Lage, ganz nüchtern und kühl unsere jeweilige Situation zu analysieren. Wir bewerten alle Optionen und entscheiden uns für die beste. Kurz: Wir handeln rational. Aber tun wir das wirklich?

Experimentelle Wirtschaftsforscher wie Fehr höhlen das traditionelle Menschenbild mehr und mehr aus. »Seit drei, vier Jahren schießt die Entwicklung exponentiell in die Höhe«, sagt der Züricher Wissenschaftler, »heute werden Verhaltensökonomen überall gesucht.« Das mag auch daran liegen, dass unsere Gesellschaft gerade in den letzten Jahren eine entscheidende Entwicklung genommen hat: Nicht nur beim Umgang mit Geld ist die Zahl der Optionen rasant gestiegen. Nicht nur beim Thema Finanzen und Altersvorsorge hat sich der Druck erhöht, etwas tun zu müssen. Immer schneller, immer öfter treffen wir heute Entscheidungen, um dann am Ende doch schlechter dazustehen. Wie nach dem Börsencrash zu Beginn des Jahrzehnts.

So wie wir die Dinge wahrnehmen, wie wir sie empfinden und einordnen, folgen wir eben nicht den rationalen Verhaltensmustern der traditionellen Ökonomie. Statt dessen orientieren wir uns an etwas, das so ganz und gar nicht dem Bild des Homo oeconomicus entspricht: an Werten etwa. Oder an sozialen Normen. Vor allem aber lassen wir uns sehr leicht täuschen. Das gilt für Kleinanleger genauso wie für Börsenprofis.

Ein Beispiel: Nina und Tina verkaufen Mode. Nina in einer Boutique in Berlin-Mitte, Tina in einem Kaufhaus in Paris. Nina bekommt im ersten Jahr 30000 Euro Gehalt, im zweiten dann eine Gehaltserhöhung von zwei Prozent, das sind 600 Euro. Tina kassiert im ersten Jahr ebenfalls 30000 Euro, allerdings steigen ihre Lebenshaltungskosten um vier Prozent. Im zweiten Jahr bekommt sie eine Gehaltserhöhung von fünf Prozent, also 1500 Euro. Wer ist glücklicher? Tina, sagten fast zwei Drittel der Testpersonen, denen die Forscher Peter Diamond, Eldar Shafir und Amos Tversky eine ähnliche, auf Amerika bezogene Frage stellten. Natürlich ist das Blödsinn. Nominal hat Tina zwar mehr, aber wegen der gestiegenen Lebenshaltungskosten macht ihre Gehaltserhöhung real nur 300 Euro aus. Damit steht sie im Ergebnis schlechter da. »Geldillusion« nennen es die Wirtschaftswissenschaftler, wenn sich die Menschen vom nominalen Geldbetrag beeindrucken lassen, und zwar so sehr, dass sie dabei glatt vergessen, doch einfach nachzurechnen.

Wir sind eben nicht die kühlen Kalkulierer, für die wir uns selbst gern halten. Dazu schauen wir viel zu gern auf andere: wie sie leben. Wie sie sich kleiden. Und vor allem, wie viel Geld sie haben. So passiert es zum Beispiel, dass wir eine Lohnerhöhung bekommen, sagen wir 500 Euro, und uns dennoch ärgern. Eigentlich ist es genau die Summe, die wir haben wollten, eigentlich ist es genau der Betrag, von dem wir gestern noch sagten, es wäre riesig, wenn uns der Chef so viel genehmigen würde. Eigentlich es ist eine Lohnerhöhung, die uns zufrieden stellt. Bis wir erfahren, dass unser Kollege im Büro nebenan 600 Euro bekommen hat. Dann sind wir neidisch. Und unzufrieden.

Wir lieben unsere Nachbarn. Vor allem, was sie besitzen

Weil wir unsere Situation relativ zu dem bewerten, wie es den anderen geht und was sie haben, handeln wir beim Umgang mit Geld nicht rational. Sondern unüberlegt. In ihrer Untersuchung haben Diamond, Shafir und Tversky den Menschen auch ganz direkt die Frage gestellt, was ihnen lieber sei: Eine Lohnkürzung von einem Prozent bei Nullinflation? Oder eine Gehaltserhöhung von vier Prozent bei einer Inflationsrate von sechs Prozent? Die Mehrheit entschied sich für Letzteres und hätte mit der anderen Option weit besser dagestanden.

Dabei sind diese Fehler keine Frage mangelnder Intelligenz. Ernst Fehr zum Beispiel nimmt für seine Versuche häufig Soldaten. Die sind in der Schweiz geradezu repräsentativ für alle Bildungs- und Bevölkerungsschichten, weil dort auch Ältere und Berufstätige immer wieder die Uniform anziehen. Und um dem Vorwurf zu entgehen, die Versuchsteilnehmer würden die Situation nicht ernst genug nehmen, hat der Wissenschaftler seine Experimente auch in anderen, ärmeren Ländern durchgeführt: in Russland zum Beispiel, oder in Indonesien. Dort ging es für die Befragten dann um deutlich höhere Geldbeträge. Trotzdem machten sie dieselben Fehler.

Finanzielle Analphabeten orientieren sich meist an ihrer Umgebung und nicht an ihren eigenen Bedürfnissen. Deshalb würden viele von uns auch spontan lieber in einer Welt leben, in der sie selbst 75 000 Euro im Jahr verdienen, und die anderen nur 50 000, als dass sie 90 000 Euro bekommen, die anderen aber 100 000. Das ist paradox. Und es verführt uns zu Fehlern. Wer einen Nachbarn hat, der gerade im Lotto eine halbe Million gewonnen hat, wird selbst anfangen zu tippen – ganz gleich, wie gering die Wahrscheinlichkeit ist, ebenfalls so viel Geld zu gewinnen. Wer einen Arbeitskollegen kennt, der mit sibirischen Ölaktien binnen sechs Monaten aus 10 000 Euro das Fünffache machte und der deshalb noch einmal investiert, wird ebenfalls diese Aktien kaufen und sich später, wenn von den eigenen 10 000 Euro nur noch 500 übrig sind, grün und blau ärgern.

Finanzielle Analphabeten betrügen sich fortwährend selbst. Weil Gefühle wie Neid oder Gier immer wieder über den Verstand siegen.

Der amerikanische Ökonom und Publizist Peter L. Bernstein beschreibt in seinem Buch *Wider die Götter*, wie unsere Gefühle sogar Erfolge in Misserfolge verwandeln. Es ist ein Phänomen, das wohl jeder Anleger schon mal erlebt hat: »Nach wochenlanger Unentschiedenheit haben Sie in der vergangenen Woche endlich beschlossen, Ihr seit langem gehaltenes IBM-Paket zu 80 US-Dollar pro Aktie abzustoßen, und als Sie heute Morgen die Zeitung aufschlagen, stellen Sie fest, dass die IBM-Aktien für 90 US-Dollar gehandelt werden. Wie reagieren Sie?« Ganz klar, mit grenzenloser Enttäuschung. Und mit dem Schwur, beim nächsten Aktienverkauf bestimmt länger zu warten. Dumm nur: Wir übersehen, dass wir eigentlich auch mit einem Preis von 80 US-Dollar ganz gut gefahren sind. Und beim nächsten Aktienverkauf warten wir dann zu lange, bis die Aktie einbricht und wir deutlich schlechter dastehen. Ganz ähnlich (und damit gleich dumm) handeln übrigens die meisten Fondsmanager: Deren oberste Priorität ist es nicht, die Anleger vor Verlusten zu bewahren, wie man vielleicht glauben könnte. Viel wichtiger ist es für diese Fondsmanager, mit ihrem Fonds besser abzuschneiden als der jeweilige Vergleichsindex.

Deshalb orientieren sie sich bei der Aktienauswahl immer am Index und an der Auswahl der Konkurrenten, denn beides erhöht ihre Chance, nicht schlechter dazustehen. Die dramatische Folge: Alle Fonds bewegen sich in die gleiche Richtung; ihre Manager kaufen und verkaufen die gleichen Papiere zur gleichen Zeit und in der Krise machen sie dann alle riesige Verluste. Einzelne Aktienwerte schon früher und damit mit weniger Verlust zu verkaufen, wagen die Fonds-manager nicht. Sie könnten ja bei einer plötzlichen Trendwende den Anschluss verpassen.

»Herdenverhalten« nennen das die Börsenpsychologen, und dieses Herdenverhalten erleben wir auch fernab der Börse, im ganz norma-len Alltag. So etwas hat, wie der amerikanische Finanzforscher Robert Shiller meint, viel damit zu tun, wie wir Informationen bewerten. Ein Beispiel: Wenn wir abends essen gehen wollen und uns zwischen zwei neuen Restaurants entscheiden müssen, die direkt nebeneinan-der liegen, und beide sind leer – in welches gehen wir dann? Vielleicht lächelt der Kellner in dem einen Lokal ein bisschen freundlicher, oder im anderen ist die Musik ein wenig leiser. Der nächste Gast jedenfalls muss sich schon nicht mehr zwischen zwei leeren Restaurants ent-scheiden: Er sieht uns bereits in einem der beiden sitzen und wird garantiert das gleiche Lokal wählen. Warum? Weil er in seine Ent-scheidung mit einbezieht, dass es einen bestimmen Grund gegeben haben muss, weshalb wir unsere Wahl getroffen haben. Wenn noch ein Gast kommt, sieht der schon zwei besetzte Tische in dem einem und immer noch gähnende Leere im anderen Restaurant. Am Ende, so Shiller, essen alle im selben Restaurant, »dabei kann es das schlechtere der beiden sein«. Und das alles nur, weil wir uns in unse-rer Entscheidung vom Verhalten der anderen beeinflussen lassen.

Traditionelle Ökonomen wie Adam Smith gingen noch davon aus, dass wir alle und allezeit unseren persönlichen Nutzen maximieren wollen. Der Homo oeconomicus, dachten sie, verfolgt konsequent die eigenen Interessen und ist deswegen langfristig erfolgreich. Falsch gedacht. Viel zu häufig, sagen experimentelle Wirtschaftsforscher wie Ernst Fehr, verhalten sich selbst gebildete Menschen kurzfristig anders, als es ihren langfristigen Interessen entspricht. Und das hat mehrere Gründe.

Ich. Ich. Ich.

Sieben von zehn Autofahrern sagen von sich, dass sie überdurchschnittlich gut fahren. Neun von zehn Fondsmanagern behaupten, dass sie den Vergleichsindex regelmäßig schlagen. Kaum einem gelingt es wirklich. Wir alle sind viel zu sehr von uns überzeugt – »overconfidence« nennen das die Wissenschaftler. Weil wir glauben, dass wir besser sind als andere, halten wir zum Beispiel an unserer Investmentstrategie fest. Obwohl längst nichts mehr für dieses Investment spricht.

Man kennt das ja vom letzten Arztbesuch: Obwohl pünktlich erschienen, sitzt man im Wartezimmer und wartet. 20 Minuten, 30 Minuten, vielleicht sogar eine Dreiviertelstunde. Eigentlich wäre es sinnvoller, nun zu gehen und an einem anderen Tag zu einem anderen Termin wieder zu kommen – statt zu warten, könnten wir im Büro endlich die lästigen Aktenberge abarbeiten. Dennoch bleiben wir sitzen. Weil wir ja schon so lange gewartet haben und es gleich losgehen könnte. Meist dauert es dann nochmal 30 Minuten. Mindestens. Genau so klammern sich Fondsmanager an ihre Strategien, Analysten an ihre Analysen und Vorstandschefs an ihre Ziele. Das ist vielleicht die schlimmste Erkenntnis für Privatanleger: dass wirklich alle Menschen finanzielle Analphabeten sind. Sogar die Finanzprofis.

Gleich eine Reihe von Verhaltensexperimenten hat ein anderes Phänomen bestätigt: Die unmittelbare Befriedigung von Bedürfnissen ist ein starkes Motiv. Das erklärt zum Beispiel, warum so viele Amerikaner genau wissen, dass sie mehr für ihre Altersvorsorge tun müssen und es dennoch nicht tun. Es mag ja sein, dass die eine oder andere Familie zunächst tatsächlich ein wenig Geld zur Seite legt. Aber dann hat der Opa einen runden Geburtstag und das muss groß gefeiert werden. Oder man ist schon so lange nicht mehr in Urlaub gefahren. Oder jetzt muss endlich das neue Auto her. Und schon ist das Gesparte weg. Ernst Fehr erzählt gern die Geschichte vom Experiment mit den Filmfans. Auf die Frage, welchen Film sie in Zukunft auf alle Fälle anschauen wollten, nannten viele einen anspruchsvollen Titel, etwa das Holocaust-Drama *Schindlers Liste*. Sie wählten also die gesellschaftlich akzeptierte Variante. Als es jedoch darum ging, den Film noch am gleichen Abend zu sehen, zogen viele eine seichte Komödie vor.

Für uns zählt eben das Hier und Jetzt. Da verhalten sich Erwachsene genau wie Kinder. Bei Kindern freilich ist das nicht schlimm: Sie haben Eltern, die sich um sie kümmern. Wenn Kinder nicht lesen können und auch nicht schreiben, dann macht das nichts. Sie lernen es ja noch. Erwachsene dagegen sollten gewisse Dinge längst gelernt haben. Zum Beispiel, dass bei Finanzentscheidungen die lange Sicht zählt. Und dass sich die meisten Investments erst nach vielen Jahren rechnen.

Finanzielle Analphabeten unterscheiden bei ihren Investments zwischen Kosten und Verlusten, obwohl beides den gleichen Effekt hat. Ein Beispiel: Sie haben sich eine Karte fürs Länderspiel der Fußballnationalmannschaft gekauft. Sie gehen nur selten ins Stadion und die Karte hat immerhin 40 Euro gekostet. Doch als Sie am Stadion ankommen, ist die Karte weg. Was tun? Die meisten Menschen, das haben ähnliche Untersuchen der Wirtschaftsforscher Daniel Kahneman und Amos Tversky gezeigt, werden sich keine neue Karte kaufen, sondern frustriert nach Hause gehen. Wir haben einen Verlust gemacht und Verluste erträgt jeder von uns nur schwer. Allerdings: Haben wir vorher keine Karte gekauft und verlieren auf dem Weg ins Stadion zwei 20-Euro-Scheine, reagieren wir ganz anders. Wir kaufen die Karte trotzdem. Dabei wären unsere Kosten in beiden Fällen gleich gewesen: jeweils 80 Euro.

Mentale Buchführung nennt das der amerikanische Ökonom Richard Thaler. Laut Thaler haben wir verschiedene geistige Konten im Kopf, und wenn wir zum Beispiel die Stadionkarte verlieren, müssten wir für die neue Karte noch einmal das Konto »Stadionbesuch« belasten. Das tut weh. Verlieren wir dagegen Bargeld, fällt es uns viel leichter, ein geistiges Konto zu belasten, das die ferne Zukunft betrifft, etwa die in drei Monaten fällige Kfz-Steuer. Bis dahin, so die Überlegung, bekommen wir dieses Geld auch anders zusammen. Rational ist das nicht. Aber menschlich. Denn eine neue Karte zu kaufen bedeutet soviel wie auf dem Konto »Stadionbesuch« einen Verlust zu verbuchen. Und nichts hassen wir so sehr wie Verluste.

Daniel Kahneman und Amos Tversky haben nachgewiesen, dass wir daher bei unseren Anlageentscheidungen auch ganz unterschiedlich vorgehen, also je nachdem, ob Verluste drohen oder Gewinne in Sicht sind. Angenommen, Sie könnten sicher 100 000 Euro kassieren.

Oder Sie hätten die Chance, mit einer Wahrscheinlichkeit von 80 Prozent sogar 150 000 Euro zu bekommen, müssten dann allerdings auch mit einer Wahrscheinlichkeit von 20 Prozent damit rechnen, leer auszugehen. Die meisten Menschen werden sich für den sicheren Gewinn entscheiden. Anders bei drohenden Verlusten: Wenn wir die Wahl haben zwischen einem sicheren Verlust von 100 000 Euro und der 20-prozentigen Chance, ganz ohne Verlust dazustehen (bei einem 80-prozentigen Risiko, sogar 150 000 Euro zu verlieren), wählen die meisten die Chance – trotz des hohen Risikos, noch schlechter dazustehen. Auch das ist nicht rational. Aber wie gesagt: Wir hassen Verluste.

Wenn Anleger hysterisch werden

Wer erinnert sich nicht noch an die letzten Tage des Booms im Frühjahr 2000? Die Aktie des Chipherstellers Infineon war die letzte große Emission, bevor die Börsenkurse krachten. Die Kaufhysterie war riesig, Hunderttausende wollten die »I-Aktie« haben, und *BILD* bejubelte bereits die »neue Volksaktie«. Rentner und Hausfrauen bedrängten die Bankberater, ihnen schnell noch ein Depot zu eröffnen, damit sie die neue Wunderaktie zeichnen konnten. Dabei wussten viele der gierigen Neu-Aktionäre nicht einmal, wie man Infineon schreibt, geschweige denn, was das Unternehmen eigentlich macht. Egal. Beim Börsenstart war das Papier 33fach überzeichnet, das heißt, 33 Mal mehr Menschen wollten Infineon-Aktien kaufen, als es Infineon-Aktien gab. Wer keine bekam, fing an zu meutern: Im Frühjahr 2000 – viele haben es heute verdrängt – führte Deutschland eine abstruse Debatte, ob es so etwas wie ein Grundrecht auf Aktienzuteilung für jedermann gibt.

Am 13. März 2000 wurde die Infineon-Aktie das erste Mal an der Börse gehandelt. Ausgabepreis: 35 Euro, erster Kurs: 70,20 Euro, Schlusskurs an diesem Tag: 69,80 Euro. Tausende Kleinanleger, die keine Aktien bekommen hatten, deckten sich nun über die Börse ein. Dann krachten weltweit die Kurse – es war der Beginn des großen Börsensturzes. Auch der Kurs der Infineon-Aktie brach ein. Glücklich waren nur noch jene, die 35 Euro bezahlt hatten. Wer dagegen teuer an der Börse nachgekauft hatte, sah beim Blick ins Depot bloß noch rot.

Es gibt jede Menge Regeln, wie sich Aktionäre wann verhalten sollten. Die Zahl der Weisheiten dürfte mindestens so groß sein, wie die Börse alt ist – und die erste Börse wurde immerhin 1531 in Antwerpen eröffnet. Die wichtigste Weisheit im Abschwung ist es, Verluste »zu realisieren«, also: zu verkaufen. Viele Aktionäre, nicht nur die gierigen Infineon-Käufer, verkauften nicht. Lieber blieben sie auf ihren Papieren sitzen. Es war für die meisten Anleger das erste Mal, dass sie einen Abschwung am eigenen Leib erlebten, und wer jetzt Geld verloren hatte, wollte wenigstens den Kaufpreis wieder zurückhaben. Ein frommer Wunsch. Denn die Kurse brachen weiter ein.

Heute gilt Infineon-Chef Ulrich Schumacher in der Öffentlichkeit als Buhmann. »Täuschung der Anleger« warf man ihm auf der Hauptversammlung im Januar 2002 vor. Im Frühjahr 2003, also nur 36 Monate nach dem furiosen Börsenstart, dümpelt die Aktie des Halbleiterherstellers im einstelligen Euro-Bereich. Das Unternehmen Infineon schreibt Milliardenverluste, hat inzwischen Tausende Mitarbeiter entlassen. Tatsächlich räumt Schumacher ein, er habe das Auf und Ab der Kurse wohl unterschätzt. »Als wir an die Börse gingen, war unsere Auffassung vom Geschehen an den Kapitalmärkten noch sehr unbedarft«, gestand der Firmenchef zwei Reportern der *Süddeutschen Zeitung.* »Wir haben geglaubt, da draußen ist eine Welt, die dich mit deinen Wettbewerbern vergleicht und dann verständnisvoll bewertet.« Schumacher, von dem es heißt, er sei dank Prämien und Optionen längst Multimillionär, hatte viel zu lange an seinen optimistischen Prognosen zur Entwicklung des Chipmarktes festgehalten, auch zulasten seiner Aktionäre, die ihm glaubten. Aber trifft ihn deshalb die alleinige Schuld am Desaster?

Wer eine Aktie mit Verlust verkauft, muss sich selbst – und vielleicht auch gegenüber Freunden und dem Ehepartner – eingestehen, einen Fehler gemacht zu haben. Das widerspricht unserem Ego. Also halten wir an der Aktie fest. Es wird sich schon noch lohnen. Das ist dann wie beim Arztbesuch.

Unerschütterlich glauben wir an uns selbst. Und was wir nicht erklären können, reduzieren wir auf »Glück«. Oder jemand hat eben »Pech gehabt«. Bloß: »Wenn wir sagen, dass jemand Pech gehabt hat, dann sprechen wir diesen Menschen von aller Verantwortung für das Geschehene frei«, meint Börsenexperte Bernstein. »Wenn wir sagen, dass ein Mensch Glück gehabt hat, so verweigern wir ihm die Anerkennung für jede Form persönlichen Bemühens, das den Ausgang bewirkt haben könnte.« Es darf eben nicht sein, dass jemand anderes besser ist als wir.

Aus Fehlern lernt man nicht

Nun ja, werden Sie jetzt denken, selbst wenn ich Fehler mache, so etwas passiert mir nur einmal. Beim nächsten Mal erkenne ich die Überbewertung der Aktie. Beim nächsten Mal überprüfe ich schon vor dem Beratungsgespräch, welche meiner Versicherungen bereits was abdeckt. Beim nächsten Mal kaufe ich garantiert keinen geschlossenen Immobilienfonds. Tatsächlich? Manchen Fehler mögen wir begreifen, aber wenn die Ausgangslage beim nächsten Mal nur ein wenig anders aussieht, erkennen wir das Muster nicht mehr wieder. Und handeln erneut entgegen dem eigenen Interesse.

Als der amerikanische Aktienindex Dow Jones noch unaufhörlich kletterte und nahezu jeder Aktien und Investmentanteile kaufte, befragte ein Forscherteam private Fondsbesitzer. Was würden Sie tun, wenn der Dow Jones bei 8000 Punkten steht und plötzlich um fünf Prozent fällt? Jeder siebte gab an, keine neuen Fondsanteile zu kaufen. Zweite Frage: Was würden sie tun, wenn der Index um 400 Punkte fällt? Da wollten fast doppelt so viele aufhören zu investieren, obwohl der Absturz des Dow identisch war.

Leicht veränderte Situation – ganz anderes Verhalten. Wie ist das möglich?

Eine Erklärung ist sicherlich, dass sich die Menschen von Zahlen schlicht beeindrucken lassen, und 400 ist eben viel mehr als fünf. Wir sind in gewisser Weise aber auch Gefangene von Denkmustern, die uns von klein auf nahe gebracht wurden. Bei großen Summen reagieren wir anders als bei kleinen. Wir glauben, dass die Börsenkurse automatisch steigen, wenn die Zinsen fallen. Wir wissen, dass die Straßen rutschig werden, sobald es anfängt zu schneien. Ganz nach dem Motto: Das war schon immer so, deswegen haben wir uns immer schon so verhalten. Leider stimmen diese Muster aber nicht immer, und dann fallen wir auf die Nase. Im wahrsten Sinne des Wortes, weil die Straße schon glatt sein kann, wenn es noch nicht schneit, aber so kalt ist, dass die Nachbarskinder mit ein bisschen Wasser eine

Eisbahn angelegt haben. Oder, im übertragenen Sinn, weil die Börsenkurse selbst dann weiter purzeln können, wenn die Zentralbank gerade die Zinsen gesenkt hat.

Unser gängiges Verhaltensmuster lässt uns stets von der Vergangenheit auf die Zukunft schließen. Wir ignorieren dabei, wie sich winzige, aber entscheidende Details ändern. Oder wir übersehen, dass sie sich längst geändert haben. Das ist der Grund, warum wir Fondsmanager zu Helden machen und uns hinterher wundern, dass ausgerechnet diese Helden uns viel Geld gekostet haben.

Gefallene Helden

Kurt Ochner war so ein Held. Der ehemalige Fondsmanager und Vorstand der Julius Bär Kapitalanlage AG, einer Tochter der feinen Schweizer Bank Julius Bär in Frankfurt am Main, war der Star des Neuen Marktes. Sein Ruf war legendär; seine Art bezeichneten Insider als »unorthodox«, und die Medien feierten den Finanzmann aus dem Odenwald mal als »Reichmacher« *(Tagesspiegel)*, mal als »Tausendsassa« *(Financial Times Deutschland)* oder mal als Guru (alle anderen). Ochner bevorzugte kleine Firmen, die nur wenige Aktien ausgegeben hatten, und die Aktien, die er sich ins Depot legte, kletterten und kletterten. Im gleichen Maß gewann natürlich auch sein Investmentfonds an Wert, und so galt der Fondsmanager schnell als wahre Spürnase. Um sagenhafte 500 Prozent legte Ochners »Special German Stock Fund« zu. In seiner besten Zeit gebot der ehemalige Fallschirmjäger über ein Anlagevolumen von 700 Millionen Euro. Von Macht freilich wollte er nichts hören; er bevorzugte lieber den Begriff »Einfluss«, weil man, so Ochner, »mit Macht automatisch etwas Negatives in Verbindung bringt«. Und war es nicht erstaunlich positiv, dass eine Aktie – zum Beispiel der Münchener Filmwert Odeon – schon allein deshalb um 30 Prozent stieg, weil im Internet darüber spekuliert wurde, Ochner würde in diese Aktie investieren?

Was der Fondsmanager empfahl, machte die Menschen reich. Und wer keine Einzelaktien kaufen wollte, kaufte eben den Ochner-Fonds. Der machte ebenfalls reich. Dachten die Menschen. Bis sich zeigte, dass Ochners Modell nur im Aufschwung funktionierte. Schon beim Blick in die Statistik seiner Investmentfonds hätte jeder Anleger eigentlich entdecken müssen, dass Ochner viel zu viele Anteile bestimmter Unternehmen bunkerte und sein Fonds daher extrem von der Entwicklung einiger weniger Aktienwerte abhing. Zeitweise soll der Fondsmanager angeblich bis zu einem Drittel aller im Umlauf befindlichen Aktien der Filmrechtebude EM.TV kontrolliert haben. Doch niemanden störte das. Dann sackten die Kurse ab. Und Ochners Fonds stürzte in sich zusammen. Im Frühjahr 2001 trennte sich Julius Bär vom einstigen »Großmeister des Geldes« *(Tagesspiegel)*. Für die enttäuschten Fondsanleger war es da schon zu spät. Binnen eines Jahres hatte der aufgeblähte Ochner-Fonds bereits mehr als drei Viertel seines Wertes verloren. Als Ochner gehen musste, war es auch mit der Performance der von ihm gehaltenen Aktien vorbei: Der Kurs der Stuttgarter Softwarebude Caatoosee fiel innerhalb weniger Stunden um mehr als 50 Prozent; die Aktie des Biotech-Anlagenbauer Cybio verlor mehr als 20 Prozent, auch bei Novasoft, Biodata und Augusta Technologies verloren die Kurse zweistellige Prozentwerte.

Was *Der Spiegel* nur einige Monate zuvor aufgedeckt hatte: Ochner war mit seiner Anlagestrategie schon einmal gescheitert, und zwar gut zehn Jahre zuvor. Ende der Achtziger arbeitete der Betriebswirt nach dem Studium und einem Job bei der Baden-Württembergischen Bank für das angesehene Privatbankhaus Schröder Münchmeyer Hengst, kurz SMH. Ochner managte den Fonds »SMH Special« und schaffte damit satte Wertsteigerungen von mehr als 75 Prozent. Kein Wunder, dass der Fondsmanager schon damals als Experte für Nebenwerte galt: Ochner kaufte zwar auch die Aktien von Großkonzernen wie BASF oder Deutsche Bank, seine Gewinne aber brachten ihm vor allem so genannte marktenge Aktien, also Papiere, die kaum gehandelt wurden. Mit ihnen deckte sich der Stratege kräftig ein und konnte so schon mit kleineren Kauf- oder Verkaufsaufträgen den Börsenkurs maßgeblich beeinflussen. Die erschreckende Parallele zum Neuen Markt: Ochners System funktionierte laut *Spiegel* so lange, wie er »nicht gezwungen war, diese Positionen zu liquidieren«. Das geschah 1992. Als der Markt einbrach, stürzten auch die kleinen Werte in sich zusammen. Die Privatbank trennte sich von ihrem einstigen Starmanager. Ochner, ließ sich dessen Nachfolger zitieren, habe den Fonds vor die Wand gefahren. Der gefallene Held sah das anders.

Natürlich gibt es genug Anleger, die Ochner nicht gefolgt sind, weder Ende der achtziger, noch Ende der neunziger Jahre. Die genau erkannt haben, welch gefährliches Spiel der Fondsmanager da trieb. Sie haben dafür in anderen Investments viel Geld verloren. Auf den Finanzmärkten sind so viele irrationale Anleger unterwegs, dass selbst rational handelnde Köpfe den Überblick verlieren.

Ein Spiel erklärt die Wirklichkeit

Die Börse ist wie das Stellwerk eines großen Bahnhofs, in dem nicht ein Einzelner die Weichen stellt, sondern alle – die Passagiere, die Bahnmanager, die Lokführer. Und zwar alle gleichzeitig. Die einen lassen Züge fahren, andere halten sie an und wieder andere schalten die Signale einfach nach Lust und Laune. Hinterher wundern sie sich dann, dass kein Zug dort ankommt, wo er hin soll. An der Börse herrscht Chaos.

Eine interessante Erklärung dafür liefert das Wirtschaftsspiel der *Zeit*, das die größte deutsche Wochenzeitung im Herbst 2000 veranstaltete. Die Leser sollten dabei eine Zahl zwischen Null und Hundert wählen und sie an die Redaktion schicken. Die Redaktion wiederum berechnete den Durchschnitt aller eingesandten Zahlen. Der Gewinner musste mit seiner Zahl nur am nächsten bei zwei Dritteln des Durchschnitts liegen. Im Grunde ging es also darum – ganz ähnlich wie an der Börse –, die künftige Entwicklung eines Preises zu schätzen, und zwar unter Berücksichtigung des Verhaltens der anderen Investoren. Und eigentlich hätte es bei diesem Spiel nur eine rationale Lösung gegeben.

Rational wäre es gewesen, auf die Null zu tippen. Ganz einfach: Wenn alle Mitspieler die 100 wählen, wäre 66,7 die Gewinnzahl, weil 66,7 dann zwei Drittel des Durchschnitts aller eingesandten Zahlen sind. Wenn das alle Mitspieler vorher berücksichtigen und deshalb die 66,7 wählen, liegt die Gewinnzahl aber bei zwei Dritteln, also 44,4. Wenn die Spieler auch das vorher kalkulieren, wählen alle ebendiese Zahl, doch dann liegt die Gewinnzahl wiederum bei zwei Dritteln, also 29,6. So kalkulieren die Spieler in einem fort, und so wird auch die potenzielle Gewinnzahl immer wieder um ein Drittel kleiner, bis alle Mitspieler darauf kommen, dass die Gewinnzahl nur Null betragen kann.

Komisch nur: Beim Wirtschaftsspiel der *Zeit* betrug die tatsächliche Gewinnzahl 17,72.

Genau wie an der Börse handelten eben nicht alle Teilnehmer rational. Da wählte eine Spielerin die 69, »weil die Zahl so schön rund ist.« Ein Spieler tippte auf die 32, »weil das mein Alter ist«. Und ein Dritter überredete gleich ein paar Dutzend Freunde und Bekannte, als »weiße Ritter« einzugreifen, das Spiel also in seinem Sinne zu beeinflussen und unisono auf die Hundert zu tippen. Schon vor dem Einsendeschluss für die Zahl debattierten die Spieler im Internet über die mögliche Lösung; es entstanden Gerüchte, und auch der Auftraggeber der »weißen Ritter« tat bereits vorher kund, wie er das Spiel zu beeinflussen gedachte. Was blieb, war wie die typische Ungewissheit an den Finanzmärkten: Selbst kühl kalkulierende Mitspieler konnten sich nicht mehr sicher sein, wie die anderen Spieler handeln; selbst für rational handelnde Teilnehmer machte es auf einmal Sinn, nicht auf die Null, sondern auf eine höhere Zahl zu setzen, also der irrationalen Variante zu folgen.

Das Wirtschaftsspiel zeigte zwei Dinge: Die Entwicklung an den Finanzmärkten hält sich nicht an die Theorie. Und: Es fällt uns allen schwer, Gerüchte, Herdentrieb und Psychologie zu kontrollieren – ganz gleich, wie gebildet wir eigentlich sind. Deshalb wiederholen sich am Aktienmarkt auch die Exzesse. Deshalb spekulierten die Niederländer 1637 mit Tulpenzwiebeln, bis eine von ihnen so viel kostete wie ein Einfamilienhaus. Deshalb konnte ein findiger Brite Anfang des 18. Jahrhunderts Tausende Menschen dazu bringen, sich an seiner wirren Idee finanziell zu beteiligen – der »Gesellschaft zur Durchführung eines überaus nützlichen Unternehmens, das aber noch niemand kennt«. Und deshalb stürzten sich viele tausend Kleinaktionäre noch im Jahr 2000 ins Abenteuer Neuer Markt, obwohl bereits damals das Bundeskriminalamt (BKA) vor »Straftaten im Umfeld des Kapitalanlagebetruges« warnte.

Allerdings fragen wir uns nun zu Recht, was uns finanzielle Bildung nützt, wenn selbst gebildete Menschen finanzielle Analphabeten sind. Und wenn wir alle beim Umgang mit Geld immer wieder Fehler machen – wäre dann nicht im Gegenteil sogar jede Anstrengung, unser finanzielles Wissen zu verbessern, einfach nur pure Zeitverschwendung? Nein. Immerhin basiert der ganze Umgang mit Geld vor allem auf einem: auf einer realistischen Selbsteinschätzung.

Wenn wir richtig mit Geld umgehen wollen, müssen wir uns darüber im Klaren sein, ob wir das Risiko suchen oder nach Sicherheit streben. Wir müssen uns vor allem einer Tatsache bewusst sein: Wir werden immer wieder zu Fehlern neigen.

Narren des Zufalls nennt der Mathematikprofessor und Börsenhändler Nassim Nicholas Taleb all jene Anleger, die mit ihrem Investment einfach Glück hatten, die ihren Erfolg jedoch anderen Dingen zuschreiben, etwa dem eigenen Können. Narren machen Fehler, und die schlimmsten Fehler machen sie laut Taleb ganz unabhängig davon, ob sie Börsenprofis sind oder nur kleine Investoren:

– Sie halten hartnäckig an den eigenen Positionen fest, ganz gleich wie der Markt sich entwickelt.
– Wenn sie Verluste machen, ändern sie lieber die Argumentation als die Strategie: Sie nennen sich dann plötzlich »langfristige Investoren«.
– Sie haben im Grunde überhaupt keine Strategie, wie sie sich bei Verlusten verhalten sollen, denn mögliche Verluste haben sie vorher gar nicht bedacht.
– Und wenn überhaupt nichts mehr hilft, dann hilft eben leugnen: Dann ist der drastische Kursverlust der Aktie nur das Ergebnis einer Fehleinschätzung der anderen Investoren, niemals ein Fehler, den man selbst begangen hat.

Sie müssen sich zwingen

Niemand kann mit ein bisschen Bildung aus Narren perfekte Anleger machen. Und niemand wird behaupten, dass finanzielle Analphabeten dank finanzieller Bildung sich immer und bei jedem Investment mühelos zurechtfinden werden. Aber das Wissen um unsere Schwächen ist die Voraussetzung, gegen diese anzugehen. Es ist der erste Schritt. Experimentalökonomen wie Ernst Fehr sprechen gern von so genannten »commitments«, die jeder für sich eingehen muss, um künftig Fehler zu vermeiden. Drei Beispiele: Ein Alkoholkranker, der von der Flasche loskommen will, geht am besten erst gar nicht in eine Bar – so kommt er auch nicht in Versuchung. Ein Fernsehsüchtiger wird als Erstes den Fernseher verkaufen – bloßes Ausschalten würde nicht reichen. Und wer abnehmen will, sorgt am besten dafür, dass keine Schokolade im Haus ist.

Für den Umgang mit Geld heißt das: Wir wissen, dass wir fürs Alter vorsorgen müssen, tun es aber nicht. Das ist unsere Schwäche. Bis Mitte 2002 hatten sich nach Untersuchungen der Bertelsmann-Stiftung nicht einmal neun von hundert Deutschen freiwillig eine Riester-Rente zugelegt. Kein Wunder: Ein solches Modell, bei dem der Staat zwar etwas dazugibt, aber dann auch nur nach einem für finanzielle Analphabeten kaum zu durchschauenden Verfahren – dieses Modell wird immer scheitern. Es fehlt ganz einfach das Commitment, das finanzielle Analphabeten eingehen müssen. Also eine Verpflichtung, die es uns ermöglicht, allen Schwächen zum Trotz das für uns beste Ergebnis zu erreichen.

Dieses Commitment kann nur die Zwangs-Riester-Rente sein: ein System, bei dem erst einmal alle automatisch dabei sind und erst dann austreten können, wenn sie nachweisen, bereits eine andere Vorsorge fürs Alter zu haben. So garantiert eine private Zwangsrente uns allen mehr Geld im Alter.

Vor der Einführung der Riester-Rente in Deutschland wurde über die Zwangsrente bereits heftig debattiert. Damals haben sich alle gesträubt: Regierung, Finanzindustrie, Verbraucherschützer. Das haben wir jetzt davon.

Kapitel 3
Falsche Freunde

Wie uns Berater verraten

Was würden Sie für Geld alles tun? Würden Sie auf ein Jahr Ihres Lebens verzichten? Aufs Autofahren? Oder auf Sex? Herzlichen Glückwunsch, Sie sind nicht allein. Für eine halbe Million Euro würde fast jeder sechste Deutsche einen früheren Tod akzeptieren. 21 Prozent würden für den Rest ihres Lebens nicht mehr Auto fahren. Und 14 Prozent würden die nächsten drei Jahre auf Sex verzichten, haben die Meinungsforscher von Emnid ermittelt.

»Gier ist gut«, tönte der Finanzhai Gordon Gekko alias Michael Douglas im Hollywood-Streifen *Wall Street*. Doch Gier macht uns blind; sie verführt uns zu falschen Entscheidungen, sie blockiert den Verstand. Nicht nur an der Börse, sondern beim täglichen Umgang mit Geld. Ganz gleich, wie gebildet wir auch sind, ganz gleich, ob wir von der ersten Million träumen oder von der zehnten. *Wall Street* zeigte uns zum ersten Mal die geheimnisvolle Welt der Hochfinanz. Die eigentliche Botschaft Gordon Gekkos war freilich eine andere: »Wenn du einen Freund suchst, kauf dir einen Hund.«

Beim Geld hört die Freundschaft auf.

Die Zahl der Finanzprodukte ist in den vergangenen Jahren rasant gestiegen. Genau wie die Zahl der Verkäufer. Fast eine halbe Million Versicherungsvertreter, weit mehr als 100 000 Berater bei Banken, Sparkassen und Finanzvertrieben wie MLP, AWD und DVAG – sie alle buhlen in Deutschland um Kunden und sie alle wollen nur unser Bestes: unser Geld. Sie sind falsche Freunde. »Das ist der Grundkonflikt«, sagt Marco Habschick von der Unternehmensberatung Evers & Jung. »Man lässt jemanden für sich arbeiten, der von jemand anderem bezahlt wird« – nämlich von der Bank oder Versicherung. Niemand wird ernsthaft auf den Gedanken kommen, sich bei der Suche nach Steuerschlupflöchern vom Finanzbeamten helfen zu lassen. Bei Geldgeschäften passiert aber genau das: Das Gehalt des Bankberaters oder Versicherungsvertreters wird zu einem gewissen Anteil auch über die Provision finanziert, die er dafür kassiert, uns so viele Fonds oder Versicherungen wie möglich zu verkaufen.

Wenn Analphabeten auf dem Bahnhof vom Schaffner in den falschen Zug gesetzt werden, hat der Mann von der Bahn entweder die Frage nicht verstanden, er hat keine Lust oder einfach keine Ahnung. Was würde wohl passieren, wenn die Bahn ihre Angestellten danach bezahlte, dass sie die Fahrgäste immer in den teuersten Zug setzen? Oder alle in den gleichen? Dann hätte überhaupt kein Schaffner mehr ein Interesse daran, uns den Zug zu zeigen, den wir suchen. Und der Aufstand der Bahnfahrer wäre perfekt.

Nur bei Geld lassen wir uns fast alles gefallen.

Längst sind die Berater in den Filialen zum verlängerten Verkaufsarm der Investmentbanken geworden. Diese Produktschmieden erfinden immer neue Finanzwerkzeuge und irgendjemand muss sie kaufen. Die besten Kunden sind die kleinen Privatkunden, denn sie trauen sich ja nicht zu fragen – oder kennen die richtigen Fragen nicht. Auch deshalb denkt Deutschlands größtes Geldhaus, die Deutsche Bank, inzwischen nicht mehr daran, sich von ihrem Filialnetz zu trennen und sich nur noch aufs Investmentbanking zu konzentrieren. Vorstandschef Josef Ackermann hat entdeckt, wie prima sich die Produkte seiner Investmentbanker an Private und kleinere Firmenkunden absetzen lassen.

Die Arbeitswoche jedes Bankberaters läuft heute ungefähr so ab: Am Montag gibt die Zentrale die Devise aus, welcher Fonds in dieser Woche verkauft werden muss. Dann hängt sich der Berater ans Telefon und telefoniert seine Kundenliste ab. Oder er »berät« die Kunden, die sowieso in die Filiale kommen, im Sinne seiner Wochenlosung. Und am Freitag wird kontrolliert, welcher Berater wie viel verkauft hat.

Herrn Schäfer seine Bank

Im Börsenrausch der späten neunziger Jahre machte sich ein neues Wort in Deutschland breit, ein einziges Wort, das den Menschen viel versprach: Aktienkultur. Aus dem Volk der Dichter und Denker sollte ein Volk der Börsianer und Banker werden. Und zu Volkswagen und Volksfürsorge kam nun noch die Volksaktie hinzu:

die T-Aktie, das Papier der Deutschen Telekom. Tatsächlich aber ist von Kultur seither nicht viel zu sehen – eher von Gier. Eifrig gefördert durch die Berater in den Banken und die Vertriebsmannschaften der freien Finanzdienstleiter, für die der schöne Begriff Aktienkultur vor allem eines bedeutet: die Einladung zum Verkaufen.

Im September 1999 erhielt Manfred Schäfer aus Hanau (Name und Ort geändert) Post von der deutschen Niederlassung einer amerikanischen Bank. Die lockte den Rentner: »Hätten Sie zum Beispiel beim Börsenstart von EM.TV vor zwei Jahren 10000 Mark investiert, wären Sie heute bereits Millionär.« Und täglich, warb die Bank, »kommen neue Unternehmen hinzu, die mit ihren innovativen und mutigen Ideen im Eiltempo den Markt erobern«. Die Idee des Briefes war klar: Manfred Schäfer sollte Geld investieren, am besten viel, und am besten in ein Produkt, das ihm die Bank verkaufen wollte. Es ging um einen neuen Fonds, der vor allem in Technologieaktien investierte. Dieser Fonds sei »eine ideale Anlage-Alternative«, so die Bank. »Der besondere Vorteil für Sie: Durch die breite Streuung innerhalb der Neuen Märkte, Branchen und Unternehmen ist der Fonds bei vergleichbarer Renditeerwartung wesentlich sicherheitsorientierter als ein Einzelengagement. Die Mischung aus Standardwerten wie Microsoft oder Dell mit Shootingstars wie EM.TV und Mobilcom macht Ihre Anlage attraktiv.« Und die Spezialisten der Fondsgesellschaft »beobachten für Sie den Markt und seine Entwicklungen ganz genau und nutzen Wachstumschancen für das Fondskapital«.

Von wegen Wachstum. Von wegen Sicherheit. Von wegen Rendite. Manfred Schäfer, der bereits Anteile an einem auf Pharmaaktien spezialisierten Fonds besitzt, wird nach eigener Aussage von einem Kundenberater der Bank »sehr gedrängt«, den Pharmafonds zu verkaufen und in den hochspekulativen Technologiefonds zu wechseln. Schäfer vertraut seiner Bank. Er steckt mehr als 140000 Mark in den neuen Fonds. Zwei Jahre später ist das Geld weg: Bis zum Sommer 2002 verliert Schäfers »ideale Anlagealternative« (Bankwerbung) fast 90 Prozent an Wert.

Im Fragebogen zur Depoteröffnung habe er sowohl sein Geburtsjahr als auch den Beruf – Rentner – angegeben, sagt Manfred Schäfer. Es sei also für den Kundenberater »klar ersichtlich« gewesen, »dass schon aufgrund meines Alters ein derart hochspekulativer Fonds nur als Depotbeimischung empfohlen werden durfte«. Doch die

Beschwerde des Rentners bei seiner Bank brachte nichts ein. Der Kundenberater, der laut Schäfer »seinen Namen auch nicht auf ausdrückliche Bitte nennen wollte«, bestreitet, ihn nicht ausreichend über die Risiken aufgeklärt zu haben.

Eigentlich muss jede Bank ihre Kunden vor dem ersten Aktien- oder Fondskauf auf die Gefahren hinweisen. Genauer: Sie legt ihren Kunden ein Formular vor, in das jeder neue Aktionär oder Fondskäufer seine Vermögensverhältnisse, seine Börsenkenntnisse und seine Anlageziele eintragen muss. Allein die Unterschrift unter das Formular genügt als Nachweis, dass der Berater seiner Aufklärungspflicht nachgekommen ist. Was er tatsächlich erzählt hat und ob er sich überhaupt genug Zeit genommen hat – all das lässt sich hinterher nicht mehr feststellen. Und vor Gericht daher auch nur äußerst selten überprüfen. »Wie gründlich der Kundenbetreuer die Börseneinsteiger beraten hat, spielt meist keine Rolle und auch nicht die Frage, ob der Kunde eigentlich begriffen hat, welche Folgen die Wahl einer der vorgegebenen Risikoklassen haben kann«, kritisiert Der Spiegel. Wer seinem Bankberater »die Freude gemacht hat, sich Kenntnis über Optionsscheine und Futures attestieren zu lassen, geht beinahe jedes Haftungsanspruchs verlustig«.

Zwar schreibt das Wertpapierhandelsgesetz vor, dass die Geldhäuser bei allen Aktiengeschäften stets unsere Interessen als Kunden zu wahren haben. De facto aber wahren sie vor allem ihre eigenen Interessen. Das ist ja auch recht einfach: Beim Handel mit Aktien und Investmentfonds verdient eine Bank immer – eine Provision kassiert sie beim Kauf genauso wie beim Verkauf.

Gern finanzieren die Banken auch den Aktienkauf auf Pump. So knauserig die Geldhäuser heute bei Geschäftskrediten für Klempner oder Malermeister sind, so großzügig sind sie gegenüber Aktionären: Wenn wir Aktien kaufen wollen, aber gerade nicht das nötige Kleingeld zur Hand haben, bekommen wir problemlos ein Darlehen und hinterlegen unsere Aktien dann als Sicherheit. Wie viel Kredit es gibt, richtet sich nach dem Wert des Depots; die so genannte Beleihungsgrenze, also die maximale Kredithöhe, beträgt 50 Prozent. Ein Beispiel: Wer Papiere im Wert von 20 000 Euro im Depot hat, darf bis zu 10 000 Euro für weitere Aktien auf Pump finanzieren. Weil die Kreditlinie mit dem Depotwert schwankt, hat diese Praxis etwas Ruinöses an sich. Wenn der Depotwert im Börsenboom anschwillt, kann man auf einmal auch viel mehr Aktien auf Pump finanzieren – verdreifacht sich der Depotwert, verdreifacht sich auch die mögliche Darlehenshöhe. Dumm nur, wenn die Kurse einbrechen: Dann sinkt die Darlehenshöhe und die Bank will ihr Geld zurück. Wer Aktien per Kredit finanziert hat, muss diese Aktien nun mit Verlust verkaufen, um die Forderung der Bank zu erfüllen. Pech für die Betroffenen. Juristisch aber sind die Berater kaum zu belangen. »Selbst Anleger, die ihrer Bank über Jahrzehnte die Treue gehalten haben, dürfen bestenfalls auf ein paar freundliche Worte hoffen«, kritisiert *Der Spiegel*.

Manfred Schäfer kaufte seinen Aktienfonds, als alle noch an Börsenwunder glaubten. Kaum anzunehmen, dass heute – in der Börsenkrise – die Qualität der Beratung gestiegen ist. Im Gegenteil. Mit der Aktienflaute sind auch die Geschäftsergebnisse der Banken eingebrochen, der Wettbewerbsdruck unter den Instituten ist noch einmal kräftig gestiegen. Und das heißt: Noch mehr Verkaufsdruck auf die Berater, noch weniger Zeit für die Beratung.

Nur ein Lächeln

Wann haben Sie das letzte Mal ein Auto gekauft? Glaubt man der Statistik, ist das noch gar nicht lange her. Mehr als zehn Millionen Autos werden in Deutschland jedes Jahr zugelassen, das heißt, jeder Erwachsene legt sich etwa alle sechs Jahre einen anderen Wagen zu. Ein Auto auszusuchen, ist ja auch nicht so schwer: Wenn es um den Kauf einer Familienlimousine geht, gibt es gerade mal zehn bis 15 gängige Marken. Also bekommt man relativ schnell den Überblick.

Anders gesagt: Wer Geld in ein neues Auto stecken will, hat es einfacher, als wenn es darum geht, Geld einfach so anzulegen.

Vor einigen Jahren lancierte die HypoVereinsbank eine neue Werbekampagne. Ihr Slogan: »Leben Sie, wir kümmern uns um die Details.« Die Bank traf das Lebensgefühl jedes finanziellen Analphabeten. Der Umgang mit Geld ist im Grunde lästig, und da ist es mehr als angenehm, wenn jemand hilft und alles abnimmt. Es ist der Grundgedanke jedes Investmentfonds: Anstatt einzelne Aktien zu kaufen, legt man sich ein paar Fondsanteile zu und der Fondsmanager hat dann die Arbeit, das Geld in die richtigen Aktien zu stecken.

Eine Bank kümmert sich um die Details? Eigentlich kann das nur schief gehen.

Zum Beispiel bei Investmentfonds: Zwar werben einige Geldhäuser damit, dass sie auch andere Fonds als die eigenen verkaufen, dass ihre Kunden sogar die Auswahl unter allen Fonds haben, die es am deutschen Markt gibt. »Open architecture« nennt sich das offene Konzept. In der Realität allerdings bleiben den Anlegern die meisten Türen verschlossen. Kein Bankberater kann bei mehr als 5000 in Deutschland zum Vertrieb zugelassenen Fonds wirklich den Überblick behalten. Tatsächlich dürfte es sich so verhalten, dass ein Berater maximal die Fonds von vier bis fünf Gesellschaften vertreibt – mehr lässt sich kaum vergleichen. Es bringt auch nichts, wenn der Berater hunderte Tabellen und Grafiken schwenkt, auf denen eindrucksvoll die bisherige Wertentwicklung jedes Fonds abgetragen ist. Wie sich der Fonds in den vergangenen sechs, zwölf oder vierundzwanzig Monaten entwickelt hat, sagt leider gar nichts über seine künftige Rendite aus. Die hängt vom Markt ab. Und selbst der Name des Fondsmanagers ist kein Qualitätssiegel: Der Manager von heute kann morgen schon für einen anderen Fonds zuständig sein.

Das Interesse der Berater, fremde Fonds zu verkaufen, ist aber noch aus einem anderen Grund gering. Da die Bank meist nur mit einem Teil der Fondsgesellschaften besondere Vertriebsabkommen geschlossen hat, ist beim großen Rest des Angebots völlig offen, ob der Berater auch seine Vertriebsprovision kassiert – also lässt er den Verkauf lieber gleich bleiben.

Wir, die finanziellen Analphabeten, merken das nicht. Und freuen uns über jeden schönen Fonds, den wir gekauft haben und den uns der Bankberater so warm empfohlen hat. Dass es fürs gleiche Geld ein viel besseres Investment gegeben hätte, erfahren wir nur, wenn wir uns nach ein paar Jahren die Mühe machen, die Wertentwicklung der Alternativen nachzurechnen. Doch das tun die wenigsten.

Woher sollen die Kunden auch wissen, wie kompetent der Bankberater oder Versicherungsvertreter tatsächlich ist? Es gibt keine regelmäßigen Prüfungen, zu wenige Fortbildungen, nur Vertrauen. Wetten, dass der Werkstatt-Test einer Autozeitung mehr Aufmerksamkeit findet als der Test der Beratungsqualität einer Bank oder Versicherung? Dass die schlecht ist, daran hat man sich ja schon gewöhnt.

Wer immer wieder zum selben Berater rennt, darf sich allerdings nicht wundern, wenn dieser nachlässig wird. Stolz vergleichen wir im Supermarkt die Preise für Joghurt und H-Milch – und ganz stolz erzählen wir auf Partys, wie günstig der letzte Last-Minute-Urlaub war, den wir übers Internet gebucht haben. Gespart haben wir dabei nur ein paar Cent oder wenige hundert Euro. Bei einem Kredit dagegen summiert sich schon ein zehntel Prozentpunkt Zins über die lange Laufzeit durch den Zinseszinseffekt schnell zu mehreren tausend Euro, bloß: Da vergleichen wir nicht. Es ist ja auch viel angenehmer, zur Hausbank zu gehen und dort per Handschlag begrüßt zu werden und – noch wichtiger – mit Namen. Dass der Berater nur deshalb so freundlich lächelt, weil wir gleich ein bisschen mehr zahlen müssen als bei der Konkurrenz? Wir ahnen es nicht einmal.

In Deutschland ist es immer noch üblich, eine Bank um einen Kredit zu *bitten*. Natürlich geht es darum, Geld von der Bank zu bekommen. Aber viel zu häufig ist unser Umgang mit Finanzberatern durch Angst geprägt: Sie könnten ja merken, dass wir keine Ahnung haben. Und genau wie Menschen, die nicht lesen können, geben finanzielle Analphabeten ihre Schwäche ungern zu. »Die meisten Menschen fragen vor dem Vertragsabschluss nicht richtig nach«, sagt Wolfgang Römer, der Ombudsmann für Versicherungen. »Fragen die Kunden aber doch, ist die Antwort oft so kompliziert, dass sie nichts verstehen und dann nicht wagen, noch einmal nachzufragen. Oder der Vertreter erklärt es falsch, weil er es selber nicht weiß.«

Finanzielle Analphabeten gibt es auch dort, wo man sie nicht vermutet: Wenige Wochen vor der Euro-Umstellung rief der Filialleiter einer süddeutschen Sparkasse einen ihm bekannten Finanzexperten an und bat ihn, seinen Mitarbeitern etwas zur Umrechnung zu erzählen. »Als ich hereinkam, saßen die alle hoffnungsvoll am Tisch mit aufgeklappten Notizblöcken«, erinnert sich der Referent. »Die wollten tatsächlich wissen, ob die Menschen nach der Umstellung mehr oder weniger Geld haben. Ein Teil konnte nicht einmal den Dreisatz rechnen.«

Beratung kostet Geld, und dieses Geld holen sich die Banken und Versicherer über den Verkauf ihrer Produkte wieder. Eigentlich müssten sie für die Beratung selbst ja Geld verlangen, aber mal ehrlich: Wer würde dafür schon bezahlen? Bei einem Auto ist das ganz anders: Weil unsere Zeit knapp ist und die meisten Fahrzeuge heute voller Elektronik stecken, bringen wir den Wagen zur teuren Inspektion in die Werkstatt. Und weil uns unser Auto so wichtig ist, überlassen wir es auch nur dem Fachhändler – dann gibt es hinterher einen Stempel ins Scheckheft, und das erhöht den Wiederverkaufswert. Fürs Auto geben wir viel Geld aus, da bleibt für die Finanzen kein Geld mehr übrig. Eine regelmäßige Inspektion unserer Konten und Depots? Ein Check, ob alles in Ordnung ist, und für den wir auch noch bezahlen sollen?

Wir verlangen eine tadellose, vor allem aber neutrale und individuell gerechte Beratung, die uns schnell erklärt, wie aus wenig Geld viel Geld wird. Eine Beratung, die am besten nichts kostet. Da trifft es sich gut, dass außer Bankberatern und Versicherungsvertretern auch andere Leute behaupten, von Geld eine Ahnung zu haben. Schlecht nur, dass auch sie uns verraten.

Honig für die Fliegen

Ein gepflegtes Äußeres kann Brieftaschen öffnen. Jürgen Harksen trug Anzüge von Versace, fuhr Bentley und Ferrari und lud Geschäftspartner gern auf seine Jacht ins Mittelmeer ein. Teure Autos, teure Reisen, teure Partys. Und schon schien realistisch zu sein, was Harksen versprach: dass er jeden Menschen reich machen könne. Und die Reichen noch reicher. Ein sagenhafter Gewinn von 1300 Prozent, lockte Harksen, sei immer drin. Alles gelogen. Im April 2003 verurteilte das Hamburger Landgericht den eloquenten Betrüger zu einer Haftstrafe von sechs Jahren und neun Monaten.

Ende der Achtziger hatte Harksen, damals keine 30 Jahre alt, mit seiner Firma Nordanalyse den seriösen Anlageberater gemimt. Seine Masche: Er gab vor, einzelne Unternehmen systematisch zu analysieren und das an der Börse auszunutzen; er fabulierte von skandinavischen Investments und einem sagenhaften Ölfund in einem norwegischen Fjord – immer verbunden mit der Aussicht auf gigantische Gewinne. Es war, so die Wochenzeitung *Die Zeit*, »der Honigtopf, in den die Fliegen plumpsten«. Etwa 64 Millionen Mark soll der Betrüger damals von seinen Opfern eingesammelt haben, darunter ein Juwelier, ein Bauunternehmer und ein Immobilienkaufmann.

Sie alle vereinten zwei Dinge: Sie ließen sich von ihrer Gier treiben. Und sie ließen sich blenden vom luxuriösen Leben des Betrügers und den klangvollen Namen der anderen Anleger. Es ist diese Gier, die selbst gebildete Menschen nicht davor schützt, auf obskure Versprechen hereinzufallen. Und es ist die Art, wie wir mit Informationen umgehen, die dazu führt, dass wir in Sachen Geld regelmäßig das Falsche tun. Weil so viele Männer und Frauen der Hamburger High Society ja schon Geld gegeben hatten, konnte Jürgen Harksen kein Krimineller sein. Das überzeugte – ganz ähnlich wie im Beispiel mit den zwei Restaurants, wo sich die Gäste immer für das Lokal entscheiden, in dem bereits andere sitzen, und nicht für das leere. Einer von Harksens Opfern gestand später, ein Freund habe ihn »heiß gemacht aufs ganz große Geld«. Doch daraus wurde nichts, weil Harksen die Millionen lieber in Anzüge, Autos, Jacht und Partys investierte.

»Ich habe einen Tipp für dich« ist ein Satz, den jeder gern hört. Noch besser, wenn dieser Satz von jemandem kommt, dem man vertraut. Von Freunden zum Beispiel. Von Verwandten. Oder der Familie. In sechs von zehn Fällen kommen Anlagebetrüger so an ihre Opfer, hat der Bamberger Kriminalpsychologe Hermann Liebel herausgefunden. Der Trick: Hat man erst einmal einen Dummen gefunden, bringt man ihn dazu, dem Bruder oder wenigstens dem Nachbarn vom ganz großen Geld vorzuschwärmen. Vielleicht beißt einer der beiden ja auch noch an. Die Chancen dafür stehen gut. Wer würde schon dem eigenen Bruder misstrauen?

Steht der Täter aber erst einmal im Wohnzimmer, ist es meist zu spät. Den redegewandten Verkäufern ist kaum jemand gewachsen. Es ist eben so wie bei jeder Beratung: Der Verkäufer wählt blumige Worte und spricht von großen Zahlen und die wenigsten Kunden trauen sich nachzufragen. Wer dennoch fragt, wird von den Betrügern mit angeblichen oder sogar gefälschten Bankpapieren, Kontoauszügen oder bunten Prospekten überzeugt.

Mehr als 100 000 Fälle von Wirtschaftskriminalität hat das Bundeskriminalamt in Wiesbaden allein im Jahr 2001 registriert – Tendenz steigend. Längst sei die Bundesrepublik zum »Eldorado der Wirtschaftskriminellen aus aller Welt« verkommen, klagt Kriminalpsychologe Liebel. Zusammen mit dem BKA hat er die Maschen der Täter wissenschaftlich untersucht. Obwohl wirtschaftskriminelle Delikte in Deutschland nicht einmal zwei Prozent aller Straftaten ausmachen, haben sie gewaltige finanzielle Konsequenzen: Sie richten mehr als

60 Prozent des gesamten Schadens an, der bundesweit durch Kriminalität entsteht. Kein Bankraub kann da mithalten.

Um insgesamt 6,6 Milliarden Euro brachten die Täter ihre Opfer, und das sind nur die offiziellen Zahlen. Längst nicht alle Betroffenen gehen zur Polizei; bei den Wirtschaftsdelikten gibt es eine besonders hohe Dunkelziffer. Verbraucherschützer gehen deshalb davon aus, dass der wirkliche Schaden dreimal so hoch ist, wie in der Polizeistatistik ausgewiesen – also tatsächlich rund 20 Milliarden Euro im Jahr beträgt. Auch Jürgen Harksen soll weit mehr Menschen um ihr Geld gebracht haben, als bis heute bekannt ist.

Die Spielwiese der Wirtschaftskriminellen ist der graue Kapitalmarkt, der kaum oder gar nicht vom Staat kontrolliert wird. Dazu gehört zum Beispiel der Kauf oder Verkauf unterschiedlichster Wertpapiere, ohne dass eine Bank oder Börse zwischengeschaltet ist, aber auch die direkte Beteiligung an neu gegründeten Unternehmen. Die meisten Angebote am grauen Kapitalmarkt sind sogar legal. Und trotz seines Namens ist dieser Markt keineswegs trist. Schätzungsweise 50 000 verschiedene Anbieter tummeln sich jenseits von Banken, Versicherungen, Fondsgesellschaften und Börsen. Wie viele es genau sind, weiß niemand, ebenso wenig, wie viele davon schwarze Schafe sind. Die Grenzen zwischen harmlosem Glücksspiel, riskanter Wette und dreistem Betrug sind manchmal kaum auszumachen.

Verbraucherschützer warnen seit Jahren davor, Geld am grauen Kapitalmarkt zu investieren. Doch allzu oft ist ihre Warnung vergeblich: Kaum ein Deliktsbereich wächst so schnell wie Betrug und Untreue im Zusammenhang mit vermeintlich todsicheren Anlagetipps. Im Jahr 2001 wurden laut Kriminalstatistik rund dreimal so viele Fälle bekannt wie in den zwölf Monaten zuvor. Finanzielle Analphabeten wie wir haben gleich zwei Probleme: Wir sind sehr schnell davon überzeugt, das Geschäft unseres Lebens zu machen. Und wir haben Angst vor der Zukunft. Deswegen, so das BKA, lassen sich auch immer mehr Menschen im Vertrauen darauf ausnehmen, sie wären mit einem einzigen Investment all ihre finanziellen Sorgen los.

Die Methoden der Betrüger sind vielfältig. Zu den Klassikern gehören:

Bankgarantien: Der Handel mit Versprechen

Damit können wir angeblich am guten Ruf von Kreditinstituten verdienen. Im Prinzip ist eine Bankgarantie nichts anderes als eine Art Bürgschaft, die eine Bank abgibt und die sie sich bezahlen lässt. Die Betrüger behaupten nun, dass diese Garantien an einem Markt gehandelt werden – ähnlich wie Aktien an einer Börse. Nach Recherchen des banknahen Vereins Finanzplatz e.V. werden wir dabei vor allem mit Fantasienamen und angeblichen Fachbegriffen aus der Finanzwelt geblendet und zum Kauf von Anteilen an Bankgarantien aufgefordert. »AAA-Zerobonds« sollen schon angeboten worden sein, und auch »Bank to Bank Transactions« oder »Block Fund Confirmations« gehören zum Standardrepertoire der Kriminellen. Das klingt toll und hört sich – weil für die angeblich so komplexen Finanztransaktionen nicht selten exorbitante Renditen versprochen werden – nach einem guten Geschäft an. Fragt sich nur, für wen. Denn Bankgarantien haben einen gewaltigen Nachteil: Es gibt gar keinen Markt für sie.

Diamanten: Ein Traum ohne Wert

Teure Steine haben schon viele arm gemacht. Unseriöse Geschäftemacher bieten uns gern Diamanten als lukrative Geldanlage an. Gerade in schwierigen Zeiten, in denen die Lebensversicherung wackelt und die Börse stark schwankt, haben die Juwelenhändler leichtes Spiel – was ist schon so wertbeständig wie ein Diamant? Die Steine, die sie uns dann zu Hause am Wohnzimmertisch präsentieren, müssen nicht einmal falsch sein. Mit Sicherheit aber sind sie viel weniger wert als behauptet. Und wer von uns Laien vermag schon das Feuer eines Steins, den Schliff oder dessen Reinheit fachgerecht zu beurteilen? Geschweige denn seinen Wert? Das Gleiche gilt für Echtheitszertifikate oder angebliche Wertschätzungen von unbekannten Sachverständigen. Wenn wir die Diamanten später verkaufen wollen, erhalten wir in der Regel nur einen Bruchteil der Summe, die wir investiert haben. Der Verkäufer ist dann schon längst über alle Berge.

Nigeria-Connection: Die Vorkasse nach Afrika

Zuerst ist es nur ein Schreiben, das im Briefkasten landet. Absender: eine vermeintlich noble Adresse aus einem afrikanischen Land, meistens Nigeria. Das Anliegen der Briefeschreiber, die sich mal als Treuhänder, mal als Anwälte oder hohe Beamte ausgeben, ist delikat. Sie haben Geld zu vergeben. Von staatlichen Exportsubventionen ist die Rede, von denen auch wir profitieren könnten, wenn wir uns als Mittelsleute in Deutschland zur Verfügung stellten. Manchmal heißt es auch stolz, man habe uns nun endlich als rechtmäßigen Erben eines entfernten Verwandten ermittelt, der vor vielen Generationen nach Afrika ausgewandert sei. Ganz gleich, welches Märchen die Betrüger auch erzählen: Ihre gute Nachricht hat regelmäßig einen Haken. Um die nötigen Genehmigungen für die Überweisung des Geldes nach Deutschland zu bekommen, braucht der Treuhänder einen kleinen Vorschuss. Eile sei geboten, denn schon in wenigen Tagen drohe das Geschäft unmöglich zu werden oder die ganze Erbschaft an den Staat zu fallen. Oft versucht die Nigeria-Connection, uns gleich mehrfach zu melken: Plötzlich tauchen bei der Beschaffung des vermeintlichen Vermögens weitere Probleme auf – mal muss ein Zollbeamter bestochen, mal ein afrikanischer Rechtsanwalt beauftragt werden. Und wieder sollen wir erst einmal zahlen. Wer das Geld überweist, ist es los. Für immer.

Churning: Das Gebührenkarussell

Es ist ein Trick, der bei vielen Formen der Geldanlage funktioniert. Es geht um Provisionsschneiderei, neudeutsch auch Churning genannt. Meist treten die Täter als freie Vermögensverwalter auf. Wir überlassen ihnen Geld und hoffen auf eine anständige Rendite; die Vermögensverwalter wiederum investieren völlig legal in Aktien oder Anleihen, kaufen außerbörslich Unternehmensanteile oder handeln mit Wertpapieren. Eines jedoch haben sie garantiert nicht im Sinn: unser Vermögen zu mehren. Stattdessen schichten sie das Wertpapierdepot permanent um. Die Begründung: So könnten sie schneller auf Marktschwankungen reagieren. In Wahrheit geht es den Betrügern nur um die hohen Gebühren, die sie für jeden Kauf oder Verkauf kassieren. Mit jeder Transaktion nimmt unser Vermögen weiter ab; im schlimmsten Fall schrumpft es bis auf null.

Schneeballsysteme: Die Lawine der Zahlenden

Ein Schneeballsystem funktioniert wie ein Kettenbrief – allerdings nicht mit Postkarten, sondern mit Geld. Wer mitmachen will, muss eine bestimmte Summe in einen speziellen Fonds investieren und anschließend eine Reihe von neuen Mitgliedern werben, die das Gleiche tun. Von deren Beiträgen – so wird versprochen – erhält der Werber einen Anteil, der den eigenen Einsatz in der Summe bei weitem übersteigt. Dummerweise stößt die Geldvermehrung nach dem Schneeballsystem an mathematische Grenzen. Die angekündigten Traumrenditen lassen sich nämlich nur dann erwirtschaften, wenn die Zahl der Neumitglieder exponentiell wächst. Das geht eine Zeit lang gut, dann muss so ein System zwangsläufig zusammenbrechen. Profiteure sind regelmäßig nur jene, die von Anfang an dabei waren. Wer zu spät einsteigt, zahlt drauf. Das wohl größte je bekannt gewordene Schneeballsystem war Mitte der neunziger Jahre der European Kings Club. Dessen Zusammenbruch machte weltweit Schlagzeilen: Schätzungsweise 94 000 Kleinanleger in rund 40 Ländern verloren ihr Geld.

Time-Sharing: Wohnen auf Zeit

Wer träumt nicht von einer Wohnung in einer ruhigen Ecke Mallorcas? Oder von einem Haus im Hinterland der Côte d'Azur? Umso verlockender sind so genannte Time-Sharing-Modelle. Leider sind längst nicht alle Anbieter solcher Verträge seriös. Das Prinzip: Wir sollen einen Teil einer Ferienimmobilie erwerben, zumindest aber ein begrenztes zeitliches Nutzungsrecht. Ein paar Wochen Urlaub im Jahr in der eigenen Wohnung, die man sich nur deshalb mit anderen teilt, damit sie nicht den Rest des Jahres über leer steht: Das klingt toll, hängt aber davon ab, wie viele Mit-Berechtigte es gibt. Wenn alle zur selben Zeit Urlaub machen wollen, könnte es eng werden. Und wer hat schon Lust, im November nach Spanien zu fahren? Über diese Probleme brauchen wir uns freilich nur dann zu ärgern, wenn unsere Time-Sharing-Immobilie überhaupt existiert. Im schlimmsten Fall wird sie nie gebaut oder ist in einem dermaßen schlechten Zustand, dass niemand darin wohnen mag.

Geschäftsideen: Die teure Beteiligung

Wie viel Erfolg verspricht eine lukrative Geschäftsidee, die vorher noch niemand hatte? Wer diese Frage beantworten will, sollte sich gut im entsprechenden Business auskennen. Leider wenden sich Beteiligungs-Betrüger mit dieser Masche genau an jene, die keine Ahnung haben. Also an uns. Das Versprechen: Wir geben Geld und werden dafür an einem Unternehmen beteiligt, das irgendein tolles Produkt entwickelt hat, welches kurz vor der Marktreife steht. Manchmal gibt es das Unternehmen sogar wirklich, dann aber hat es unter Umständen immense Schulden. Steigen wir als Gesellschafter ein, müssen wir womöglich später für diese Verbindlichkeiten aufkommen. Und wenn das angeblich so viel versprechende Produkt noch gar nicht existiert, hat das vielleicht einen guten Grund: Wer etwas von der Sache versteht, hat davon lieber die Finger gelassen.

Sind wir den Wirtschaftsbetrügern erst einmal auf den Leim gegangen, geht unser Schaden über den rein finanziellen Verlust meist weit hinaus. Finanzielle Analphabeten, die viel Geld verloren haben, verlieren das Vertrauen in andere Menschen. Die Opfer, sagt Kriminalpsychologe Liebel, »fühlen sich gedemütigt und unter anderem von der Justiz und dem Staat im Stich gelassen«.

Dabei sind es oft die Opfer selbst, die die Aufklärung von Wirtschaftsverbrechen verhindern. Zwar liegt nach Angaben des BKA rein rechnerisch die polizeiliche Erfolgsquote bei mehr als 97 Prozent. Aber das gilt nur für jene Fälle, die den Ermittlern überhaupt bekannt werden. Bei den meisten dürfte erst gar keine Anzeige gestellt werden, denn wer am grauen Kapitalmarkt sein Schwarzgeld verloren hat, kann sich von den Fahndern nichts versprechen. Im besten Fall würde zwar der Betrüger hinter Gitter wandern – aber das geprellte Opfer gleicht mit. Auf Steuerhinterziehung stehen in schlimmen Fällen bis zu zehn Jahre Freiheitsstrafe.

Gefangen im Netz

Wenn uns niemand hilft, müssen wir uns eben selbst helfen. Nur wie? Wo bekommen wir die Informationen, die wir brauchen? Nicht bei der Bank, denn die hat nur die eigenen Interessen im Sinn. Nicht bei Freunden und Verwandten, denn die haben selbst keine Ahnung. Geht es nach Stephan Steuer, ist die Antwort klar: Das Internet ist der richtige Ort, um sich zu informieren, glaubt der stellvertretende Hauptgeschäftsführer und Chefsyndikus des Bundesverbandes deutscher Banken. Das Internet? Eine seriöse und neutrale Quelle für Finanzinformationen? Schön wär's.

Tatsächlich gibt es im weltweiten Datennetz beliebig viele Informationen zu diesen Themen. Doch es gibt auch ein Problem: Die guten sind von den schlechten Informationen kaum zu unterscheiden. Dabei zählen vor allem Finanzsites zu den beliebtesten überhaupt. »Viele Seiten bieten nicht die notwendigen Details und setzen die Verbraucher durch fehlerhafte, unvollständig oder bewusst irreführende Information einem Risiko aus«, kritisiert Kate Scribbins. Im Sommer 2002 hat sie für die Organisation Consumers International – ein Zusammenschluss von Verbraucherschützern aus mehr als 100 Ländern – die Qualität internationaler Finanzangebote im Internet untersucht. Das Ergebnis der von der Europäischen Kommission geförderten Studie war vernichtend: In sechs von zehn Fällen war nicht einmal zu erkennen, ob der Betreiber einer Website wirtschaftliche Interessen verfolgte oder ob er möglicherweise mit Sponsoren zusammenarbeitete. So fiel den Testern eine Internetseite auf, die angeblich unabhängig Versicherungsangebote verglich, aber stets das teuerste Angebot einer bestimmten Gesellschaft unter den Top Five der Suchergebnisse auflistete. Und auf der Hälfte aller untersuchten Finanzseiten war keinerlei Hinweis zu finden, wodurch der Betreiber überhaupt qualifiziert war, derartige Informationen zu verbreiten – oder woher er selbst seine Daten bezog.

So eine Schlamperei mögen wir noch hinnehmen, wenn es um den Online-Kauf einer CD oder einer gebrauchten Waschmaschine geht; immerhin handelt es sich um vergleichsweise geringe Beträge. Und wenn etwas nicht stimmt, fällt es uns ziemlich schnell auf. Aber wenn wir eine Versicherung abschließen? Eine teure Police, die uns dennoch nicht hilft, wenn wir sie brauchen, obwohl wir vielleicht schon jahrelang Beiträge gezahlt haben? Beim Umgang mit Geld bringt uns das Internet heute nur einen Vorteil: Wir können die Wohnungsmiete bequem von zu Hause überweisen.

Der Bundesverband der Verbraucherzentralen in Deutschland hat bei einem Streifzug durch die Internetseiten von elf großen deutschen Versicherungsgesellschaften im Februar 2003 diverse Mängel aufgedeckt. So legte nur jeder dritte Hausratversicherer offen, welche Risiken in seinem Angebot ausgeschlossen waren. Schlimmer noch: Keine der überprüften Gesellschaften, die Kapitallebensversicherungen oder fondsgebundene Policen anboten, informierte online darüber, wie hoch die Abschlusskosten für einen neuen Vertrag sind. Dabei kann deren Höhe die Rentabilität entscheidend beeinflussen.

Wenn schon im Vorhinein unklar ist, wie viel Geld von der monatlichen Rate für den Todesfall-Schutz oder für die Verwaltung abgezogen werden muss und wie viel letztendlich wirklich angespart und verzinst wird, dann kann man die verschiedenen Angebote im Internet auch nicht miteinander vergleichen. »Die Verbraucher haben in den meisten Fällen keine Chance, sich vollständig über die angebotenen Produkte und ihre Rechte zu informieren«, kritisiert Wolfgang Scholl vom Bundesverband der Verbraucherzentralen.

Das Internet ist eben nicht die zuverlässige Quelle für Informationen, wie uns die Finanzlobby glauben lassen will. Das Internet ist nichts anderes als ein zusätzlicher Vertriebskanal für Banken und Versicherungen, die so die Kosten für ihr teures Filialnetz drücken wollen.

Der Lüge so nah

Als die Deutschen die Börse entdeckten, war das für die meisten Neu-Aktionäre wie für passionierte Bahnfahrer die Einführung des ICE. Auf einmal gab es etwas, mit dem man schneller ans Ziel kommen konnte, viel schneller sogar. Doch anders als bei der Bahn gab es in Sachen Geld nun auch eine neue Art von Schaffnern, junge Männer und Frauen, neben denen die bisherigen Ratgeber ganz alt aussahen: die Analysten.

Gute Analysten tun weit mehr, als nur die Aktien von Unternehmen einer bestimmten Branche zu beobachten und darüber alle paar

Wochen eine Studie zu schreiben. Gute Analysten halten direkten Kontakt zum Finanzvorstand eines Unternehmens und verfügen über erstklassige Informationen. Gute Analysten sind also die beste Werbung für die Bank, die sie beschäftigt. Sie sind gefragt. Als Bahnfahrer geht man ja auch lieber zu einem Schaffner, der per Handy direkten Kontakt zum Lokführer hält, als zu einem, der auf die Frage nach der Ankunftszeit des Zuges erst umständlich im Kursbuch blättern muss.

Analysten treten im Fernsehen auf und werden von Zeitungen zitiert. Ihr Urteil hebt Aktien in den Himmel oder schickt die Kurse auf Talfahrt. Gut, wenn man auf Analysten hört. Schlecht, wenn das Privatanleger tun.

Eigentlich schreiben Analysten ja für professionelle Investoren, also für Fondsmanager oder Versicherer. Die lesen auch die kompletten Berichte der Branchenexperten; immerhin sind sie an mehr interessiert als an den oftmals stark verkürzten Empfehlungen »kaufen«, »halten« oder »verkaufen«. Wenn ein Analyst eine neue Studie veröffentlicht, interessiert den Fondsmanager daran vor allem, mit welchen Zahlen der Analyst rechnet, ob er bessere Informationen hat als die Konkurrenten und ob er ein neues Prognosemodell für die Berechnung der künftigen Gewinne entwickelt hat. Wenn Profis eine Studie lesen, merken sie schnell, was hinter dem Urteil, eine Aktie zu »halten«, tatsächlich steckt. Privatanleger sind Laien – sie merken das nicht.

Es sind die Medien, die Analysten zu dem gemacht haben, was sie eigentlich nie sein sollten: Anlageberater für Kleinanleger. Die *Frankfurter Allgemeine* hat einmal nachgezählt. Im Wirtschaftsteil deutscher Zeitungen fällt der Begriff Analyst das erste Mal 1985 und in den folgenden Jahren tauchen Analysten in allen deutschen Blättern weniger als dreißig Mal im Jahr auf. Erst der Börsenboom macht sie populär. 1997, notiert die *FAZ*, »finden sich 3230 Belege, ein Jahr später 5016 und 1999 insgesamt 6167«. Eine ganze Generation von Wirtschaftsjournalisten machte sich die tägliche Berichterstattung über die Börse leichter, indem sie einfach die Urteile der Analysten zitierte, am besten verbunden mit einem spektakulären Kursziel für die jeweilige Aktie. Es entstanden unzählige Internetseiten, deren Aktientipps ebenfalls nur auf den Kurzurteilen von Analysten basierten – wen kümmerte es da schon, dass die Branchenbeobachter in ihren Studien zu viel differenzierteren Aussagen kamen?

Analysten machen Meinung, gewollt oder ungewollt. Aber das

Spiel funktioniert auch andersherum: Schon 1999 warnte das Bonner Institut Medien-Tenor, dass Analysten beeinflussbar sind und sich ihre Meinung häufig mithilfe von Zeitungsberichten bilden.

Der Markt für Informationen ist in den vergangenen Jahren rasant gewachsen. Heute können wir schon mit einem einzigen Mausklick alles lesen und alles behaupten und ebenfalls mit einem einzigen Klick auf neue Informationen reagieren und unsere Aktien kaufen oder verkaufen.

Nicht zuletzt war es auch das Internet, das die Analysten für uns finanzielle Analphabeten zu Schaffnern gemacht hat. Ihre kurzen Urteile wiesen uns den Weg schnell und eindeutig. Nur viel zu oft in die falsche Richtung. Denn die Interessenkonflikte, mit denen Analysten oft zu kämpfen haben, sind für finanzielle Analphabeten meist nicht sichtbar.

Wenn eine Bank ein Unternehmen an die Börse bringt, dann verpflichtet sie sich im Gegenzug häufig dazu, regelmäßig Analysen zu diesem Unternehmen auf den Markt zu bringen. Grundsätzlich ist das nicht problematisch. Gefährlich wird es aber, wenn die Bank die Aktie viel zu positiv bewertet – und dafür spricht einiges. Immerhin will die Bank mit dem Unternehmen ja später noch einmal Geschäfte machen, etwa wenn das Unternehmen neue Aktien ausgeben möchte, dafür eine Bank sucht und mit Sicherheit kein Finanzhaus wählt, das schon die alten Aktien immer negativ bewertet hat.

Für Geld tun Banker alles. Zum Beispiel Euphorie verbreiten. Besonders euphorisch waren sie beim Börsengang des Internetdienstleiters Gigabell. Schon sechs Wochen nach der ersten Notierung im Sommer 1999 musste das Unternehmen des ehemaligen Schlagersängers Daniel David zugeben, dass der Verlust größer ausfallen werde als erwartet. Doch selbst als der Aktienkurs im Frühjahr 2000 im Zuge des Börsensturzes endgültig nach unten rauschte, empfahl eine der Banken, die Gigabell an die Börse gebracht hatten, die Aktie weiter zum Kauf. Selbst schuld, wer diesen Rat befolgte – wenig später hatte das Unternehmen das Geld der Aktionäre verbrannt, einige Monate darauf war Gigabell pleite. Die euphorische Bank war die DG Bank (die später in der DZ Bank aufging), und deren Manager witterten das ganz große Geschäft. Im Boom der Jahrtausendwende brachte die brave Genossenschaftsbank mehr als 50 Unternehmen an den Neuen Markt, so viel wie kein anderes deutsches Finanzhaus. Dumm nur, dass schon im Frühjahr 2001 exakt 40 davon unter dem Ausgabekurs notierten. Und seither sind die Aktienkurse noch weiter gefallen.

Bereits Ende der neunziger Jahre beklagte Arthur Levitt, der damalige Chef der US-Börsenaufsicht SEC, dass nur ein Prozent der Analysten-Kommentare negativ ausfalle. Niemand hörte auf ihn. Im Grunde hatte der oberste Börsenaufseher uns finanzielle Analphabeten davor gewarnt, dass skrupellose Schaffner alle in den gleichen Zug setzen wollten. Aber genau das wir wollten wir ja auch: Wir wollten alle ICE fahren.

Selbst sechs Tage vor der spektakulären Pleite des amerikanischen Energiekonzerns Enron Anfang Dezember 2001 war die Mehrzahl der Analysten noch optimistisch, was die Zukunft des Unternehmens angeht. Einige bewerteten die Enron-Aktie sogar als »starken Kauf«. Daniel Scotto von der französischen Großbank BNP Paribas war da skeptischer. Der Wall-Street-Banker, vom amerikanischen Fachmagazin *Institutional Investor* neun Mal in Folge als Top-Analyst ausgezeichnet, stufte die Enron-Aktie knapp vier Monate vor der Pleite herunter: von »kaufen« auf »neutral«. Am Telefon riet Scotto seinen Kunden sogar, die Aktie zu verkaufen. Eine Woche später wurde der Analyst beurlaubt, einige Monate darauf endgültig gefeuert. Scotto behauptete nach seiner Entlassung, er sei unter Druck gesetzt worden, Unternehmen positiver darzustellen, als deren Lage tatsächlich war. BNP Paribas bestreitet das. Es gebe keinen Zusammenhang zwischen Scottos Abschied und seinen Analysen.

Regenmacher nennt man gute Analysten auch, weil sie Deals nicht nur analysieren, sondern mit ihren Gedanken und Planspielen manche Deals erst anstoßen. Volker von Krüchten von der BHF-Bank in Frankfurt am Main berechnete schon im Herbst 1999 das Potenzial einer Fusion von Deutscher und Dresdner Bank, als ein Zusammenschluss völlig abwegig erschien. Wenige Monate später gaben beide Banken ihren Fusionsplan bekannt. Dass der Zusammenschluss dann scheiterte, hatte andere Gründe.

Mary Meeker war die Hebamme des Internetbooms. Die Analystin der New Yorker Investmentbank Morgan Stanley setzte als eine der Ersten auf die jungen Firmen der New Economy und gewann. Ihre 300 Seiten starke Studie über die Bedeutung des Internets aus dem Jahr 1995, vier Monate nach dem Börsengang von Netscape veröffentlicht, galt als die Bibel der Neuen Wirtschaft. Früh empfahl Meeker die Aktien von AOL und Microsoft, ihre Tipps machten Millionen Anleger zu Millionären. Ende der neunziger Jahre galt die Analystin als einer der einflussreichsten Stimmen der Wall Street, einflussreich auch deshalb, weil ihr Arbeitgeber Morgan Stanley mit die meisten Börsengänge von Internetfirmen betreute. Allein in den Jahren 1999 und 2000 soll die Investmentbank rund 480 Millionen US-Dollar an Provisionen kassiert haben. Mary Meekers Jahresgehalt während des Booms: bis zu 15 Millionen US-Dollar. Die Analystin lächelte von den Titelseiten der amerikanischen Wirtschaftsmagazine, auf der Straße fragten sie die Menschen nach Autogrammen und auch auf dem Weltwirtschaftsforum in Davos war Meeker gern gesehen.

Doch irgendwann begann die Insiderin, selbst Deals zu machen. Die Analystin wurde zur Investmentbankerin, die Grenzen verschwammen.

1999 brachte Morgan Stanley die Online-Preisagentur Priceline.com an die Börse, kräftig unterstützt von Meeker, die den potenziellen Investoren das Geschäftsmodell des Unternehmens erklärte. Der Ausgabepreis der Aktie lag bei 16 US-Dollar, schon am ersten Tag stieg der Kurs auf sagenhafte 85 US-Dollar. Auf einen Schlag war Priceline mehr als elf Milliarden Dollar wert, mehr als manche amerikanische Fluglinie – erstaunlich für eine Firma, die es gerade mal ein Jahr gab und deren größter Erfolg es bis dato war, bei einem Umsatz von 35 Millionen US-Dollar einen Verlust von 114 Millionen einzufahren. Heute ist die Priceline-Aktie keine fünf US-Dollar mehr wert.

Viel zu viele Firmen brachte Mary Meeker mit überzogenen Erwartungen an die Börse, viel zu lange hielt sie an ihrer optimistischen Einschätzung der Internetbranche fest. Selbst als die Kurse schon kräftig abgestürzt waren und einige der ehemaligen Highflyer vor der Pleite standen, riet die Analystin noch zum Kauf. »Sie flog 50 000 Fuß hoch, sprach über Trends und hatte keine Ahnung, wie die Fundamentaldaten aussahen«, zitiert das US-Wirtschaftsmagazin *Fortune* einen verärgerten Banker. Und ein anderer wusste genau, warum die »Königin des Internets« *(Barron's)* ihrem Hofstaat die wahre Lage verschleierte: Es sei leicht, eine Aktie herabzustufen, wenn man genaue Bewertungskriterien habe; aber wenn man die nicht habe und eine Aktie ohne Grund zum Kauf empfehle: »Was ist dann der Grund, weshalb man zum Verkaufen rät?« Vielleicht hatte Meekers Optimismus ja auch einfach damit zu tun, dass ihr Arbeitgeber so viele der gefallenen Firmen als Investmentbank betreute.

Mehr als 700 Milliarden US-Dollar betrug der Marktwert aller von Meeker geförderten Unternehmen in der Spitzenzeit des Börsenbooms. Verbrannt, verloren, vorbei. Die Analystin ließ das kalt: Jeder sei für seine Investitionen selbst verantwortlich, sagte sie, kein Mitleid also mit den Kleinanlegern, die ihrer Königin blind vertrauten. Die Klage von Privataktionären auf Schadenersatz durch Meekers Arbeitgeber Morgan Stanley wurde von einem New Yorker Gericht im August 2001 abgelehnt.

Die Investmentbank Merrill Lynch dagegen zahlte freiwillig: 400 000 US-Dollar ließ sich das Geldhaus den Vergleich mit einem Anleger kosten. Merrills Staranalyst Henry Blodget hatte Aktien zum Kauf empfohlen, die er in internen E-Mails als »a piece of shit« (ein Stück Mist) bezeichnete.

Auch Jack Grubman nahm es mit der Wahrheit nicht so genau. Zu Beginn seiner Karriere behauptete der Analyst, er habe am berühmten Massachusetts Institute of Technology (MIT) studiert – tatsächlich lernte er an der Boston University. Und weil es sich im Lebenslauf besser machte, erzählte der Aufsteiger Grubman gern, dass er aus dem armen Süd-Philadelphia stamme, also aus derselben Gegend wie der Filmboxer Rocky Balboa – auch das war gelogen. Wenn Mary Meeker die Königin des Internets war, war Jack Grubman der König der Telekommunikationsaktien. Der Analyst der zur Citigroup gehörenden Investmentbank Salomon Smith Barney verlegte seine Recherche schon mal auf private Hochzeitsfeiern (wie beim damaligen Worldcom-Chef Bernie Ebbers) oder besorgte einer Telekommunikationsfirma einen neuen Chef (wie bei Qwest). Grubman empfahl nicht nur Aktien, er sicherte seiner Bank mit seinen positiven Studien auch lukrative Mandate. 1,8 Milliarden US-Dollar sollen Salomon Smith Barney von Telekommunikationsfirmen an Beratungshonorar kassiert haben.

Er »forme diese Industrie«, sagte Grubman über die Telekommunikationsbranche – und der Analyst formte kräftig: Bei Worldcom beriet Grubman das Management und schrieb euphorische Studien, bis im Sommer 2002 herauskam, dass das Unternehmen massiv die Bilanzen gefälscht hatte. Worldcom ging Pleite. Es war die größte Insolvenz der amerikanischen Wirtschaftsgeschichte. Auch bei Global Crossing diente Grubman als Berater: Unverdrossen empfahl er die Aktie zum Kauf, selbst als sie schon 80 Prozent verloren hatte. Auch Global Crossing ging Pleite. Wer den Empfehlungen Grubmans seit 1999 gefolgt war, verlor bis Sommer 2002 drei Viertel seines Geldes.

Von einem Interessenkonflikt wollte der Analyst übrigens nichts wissen: Objektivität, tönte Grubman, sei nur ein anderes Wort für Uninformiertheit.

Wer nun glaubt, Euphorie und Gier seien Kinder des Booms und damit Geschichte, der irrt. Die Banken spielen schon wieder mit unseren Hoffnungen und Träumen. Zum Beispiel die HypoVereinsbank: »Aktienzeit ist jederzeit«, jubeln die Banker; eine Studie des hauseigenen Forschungsinstituts Risklab Germany habe gezeigt, »dass Aktienanlagen trotz der zeitweise auftretenden Marktturbulenzen langfristig nach wie vor die attraktivste Form der Geldanlage darstellen«. Das Motto: Kaufen! Jetzt! Denn »zeitliches Taktieren, um den günstigsten Kaufzeitpunkt für eine Aktie abzupassen, lohnt sich langfristig nicht«, so die Bank. »Durch den Aufschub eines Aktienkaufs um bis zu drei Monate ließ sich in den vergangenen 30 Jahren an der Börse kein höherer Gewinn erzielen.«

Das hört sich gut an, gilt aber gewiss nicht, wenn die Kurse fallen. Mit anderen Geldanlagen ist in unsicheren Börsenzeiten mehr Rendite und mehr Sicherheit drin. Aber wenn weniger gehandelt wird, verdienen die Banken eben auch weniger Provision. Und so schlecht, wie es ihnen derzeit geht, sind sie auf jeden Euro angewiesen. Das Geld holen sie sich ganz einfach von uns. Denn wir sind so dumm, ihnen blind zu vertrauen.

Bhagwan und der Bäckermeister

Der Inder Rajneesh Chandra Mohan war ein cleverer Mann. Er nannte sich Bhagwan und später dann Osho; er scharte Jünger um sich und baute ihnen ein Camp im indischen Poona – und danach ein noch größeres Camp in Oregon, USA. Rajneesh Chandra Mohan war ein reicher Mann, in dessen Garagen angeblich 90 Rolls-Royce parkten. Die hatten, sagte er, »seine Leute« gekauft. Rajneesh Chandra Mohan war ein Guru: Er versprach geistige Erleuchtung, abseits von finanzieller Gier. Der Bhagwan trug Bart und wallende Gewänder.

Moderne Gurus sehen anders aus. Bodo Schäfer ist glatt rasiert; er trägt weiße Hemden und edle Krawatten, einen Siegelring und dicke Manschettenknöpfe. Bodo Schäfer ist ein Finanzguru. Einer, der Seminare hält und Bücher schreibt. Schäfer verheißt den *Weg zur finanziellen Freiheit*; er verspricht *Wohlstand ohne Stress* und kennt *Die Gesetze der Gewinner*. Damit schaffte er es bis in die Spitze der Bestsellerlisten. *Endlich mehr verdienen* heißt sein jüngstes Buch, doch der Guru, behauptet ein Konkurrenzverlag, soll in einem Kapitel kräftig abgeschrieben haben. Auch so würde man mehr verdienen. Schäfer bestreitet die Vorwürfe.

Finanzgurus verdienen mit unserer Dummheit viel Geld. Und mit unserer Bequemlichkeit. Sie sind für uns finanzielle Analphabeten so etwas wie Gepäckträger auf dem Bahnhof: Sie nehmen uns lästige Arbeit ab. Wer die Motivationsbücher eines Finanzgurus liest, ein Power-Seminar besucht oder regelmäßig Ratgeber-Kassetten hört, muss sich keine Gedanken übers finanzielle Fortkommen machen, sondern einfach nur die Ratschläge befolgen. Gefährlich wird es, wenn es um mehr als Motivation geht, nämlich um konkrete Anlagetipps. Man fragt einen Gepäckträger auf dem Bahnhof ja auch nicht, in welchen Zug man steigen soll. Finanzgurus sind schlechte Ratgeber.

Markus Frick ist so ein Ratgeber. *Das Geld liegt auf der Straße* heißt das neueste Werk des Aufsteigers, der nach eigenen Angaben mit 22 Jahren der jüngste Bäckermeister Deutschlands war, mit 25 an der Börse spekulierte, mit 26 die erste Million gemacht hatte und heute, etwas über 30, als »Seminarleiter« und »Investmentberater« firmiert. Fricks Buch ist eine Sammlung altbackener Spartipps: Bei Medikamenten lieber Re-Importe kaufen, statt die teuren Originale zu nehmen; besser Last-Minute-Reisen buchen, statt die teuren Katalogpreise zu zahlen; lieber Heizöl im Sommer kaufen, weil es dann billiger ist. So richtig gruselig aber wird es erst, wenn Frick über die Börse schreibt.

»Lassen Sie sich zum Beispiel nicht davon täuschen, wenn irgendwo im Fernsehen ein selbst ernannter Experte sitzt, der angeblich über 1 000 Aktien Bescheid weiß«, rät der Bäckermeister. »Lernen Sie zu unterscheiden, wer ihnen Banalitäten auftischt und wer wirklich Ahnung hat vom Börsentreiben.« Gut zu wissen. Denn gerade mit Banalitäten verdient der Börsenbäcker gutes Geld.

Frick betreibt zwei Börsenhotlines (»Hot-News 1« und Hot-News 2«), die laut Eigenwerbung »aktuelle Finanzinformationen aus erster Hand« liefern. Es sind 0190er-Nummern; ein Anruf kostet pro Minute 1,86 Euro. Dafür gibt es dann Aussagen wie:»Wenn man hier momentan Aktien aus dem M-Dax kaufen muss, dann muss man ganz klar in eine Boss hineingehen, weil man hiervon davon ausgehen kann, dass man in der nächsten Zeit höhere Kurse erleben wird – und vor allem steigende Kurse erleben wird. Und das sind letztlich die Gründe, warum ich sage, wir werden hier auch noch höhere Kurse erleben.« Oder:»Das Gute ist doch: Gerade jetzt, in dieser Konjunkturflaute, die wir in Deutschland erleben, da kommt uns ein Brötchenbäcker wie Kamps gerade gelegen. Denn gegessen und getrunken, das wird immer, das können Sie mir glauben. Und mit diesen Aktien verdienen Sie natürlich dann auch in dieser Zeit recht viel Geld.«

Alles klar?

Jeder Guru polarisiert. Die einen halten sie für Reichmacher, die anderen schimpfen sie Abzocker. Spektakuläre Fälle hat es immer wieder gegeben. Im September 2002 verurteilte das Landgericht Stuttgart den ehemaligen Börsenjournalisten und Fondsberater Sascha Opel zu einer Bewährungsstrafe wegen Insiderhandels. Opel soll für sich und Investoren Aktien gekauft und dann dafür gesorgt haben, dass die von ihm beratenen Fonds die gleichen Aktien orderten. Die Kurse stiegen und Opel verkaufte die Papiere mit Gewinn.

»Frontrunnig« nennen Börsianer diese Masche, wenn ein Finanzprofi sich mit Aktien eindeckt und dann dafür sorgt, dass deren Kurse steigen. »Scalping« funktioniert ähnlich: Jubelmeldungen von Journalisten oder Analysten treiben den Kurs nach oben; dann verkaufen die Profis, bevor der Kurs wieder einbricht. Den Anlegern, die zu spät eingestiegen sind, wird das Fell über die Ohren gezogen – sie werden skalpiert.

Was man von vermeintlichen Experten halten soll, die schnellen Reichtum versprechen, kann man bei Markus Frick nachlesen. »Auch ich«, gesteht der Börsenbäcker seinen Lesern, »habe schon sehr große Fehler gemacht, indem ich den falschen Leuten geglaubt habe.«

Weibliche Bank gesucht

Frauen leben sieben Jahre länger als Männer. Aber wovon? Es sind 2556 Tage, für die sie Geld brauchen. Und wenn man der Münchener

Finanzberaterin Svea Kuschel glauben darf, haben Frauen noch lange nicht erkannt, was das für sie bedeutet: »Auch heute noch liegen 80 Prozent der Altersrenten für Frauen unter 600 Euro im Monat«, sagt Kuschel. Um ihren Geschlechtsgenossinnen das klar zu machen, gründete Kuschel Ende der 1980er-Jahre die »FinanzFachFrauen«, ein Beratungsbüro von Frauen für Frauen mit Niederlassungen in mittlerweile mehr als einem Dutzend Städten.

Chancen hat das Projekt wohl nur bei der jüngeren Klientel. »Vor allem ältere Frauen ab 50 überlassen strategische Geldentscheidungen überwiegend dem Partner«, heißt es in einer Studie, die Tanja Höllger und Dagmar Sobull für das Deutsche Institut für Altersvorsorge (DIA) geschrieben haben. Ältere Frauen sind eben noch stark vom Rollenverständnis der Nachkriegszeit geprägt, in der es üblich war, dass der Mann die Finanzen regelt. Eine Aufgabenverteilung, die übrigens bis in die fünfziger Jahre hinein sogar gesetzlich vorgeschrieben war. Der Paragraph 1363 des Bürgerlichen Gesetzbuches regelte das eindeutig: »Das Vermögen der Frau wird durch die Eheschließung der Verwaltung und Nutznießung des Mannes unterworfen.«

Vieles spricht dafür, dass Frauen heute sogar besser mit Geld umgehen können als Männer. Sie investieren seltener in Aktien, und wenn, dann nicht in riskante Technologiewerte, sondern in Standardpapiere. Sie schichten ihre Depots nicht so häufig um, was Gebühren spart, und kommen am Ende auf eine um zwei bis fünf Prozent höhere Rendite als Männer, hat das DIA ermittelt. Das Dilemma: Frauen haben zwar mehr Talent im Umgang mit Geld – aber keine Lust dazu. Lieber verlassen sie sich im Alter, so das DIA, »auf den Partner oder den Staat«.

Zwei Frauen aus München wollen das ändern. »Frauen wollen gut beraten sein«, sagen Angelika Huber und Astrid Hastreiter. Das ist sicher richtig, aber eine eigene Bank brauchen sie dafür nicht. Huber und Hastreiter sehen das anders. Seit einigen Jahren schon versuchen sie, eine Frauenbank aufzuziehen, bisher vergeblich. Bevor die neue Bank nämlich Kredite vergeben und Anlegerinnen beraten darf, braucht sie das nötige Startkapital. Fünf Millionen Euro sind gesetzlich vorgeschrieben, Anfang 2003 hatten Huber und Hastreiter erst eine Reihe von unverbindlichen Beteiligungsabsichten zusammen. Als »Wahnsinnsarbeit meines Lebens« bezeichnete Huber das Projekt im *Münchner Merkur*. Es sei »zehnmal leichter, eine Boutique oder einen Verlag aufzumachen«. Wahnsinn ist ein großes Wort. Und in diesem Fall auch angebracht. Eine Frauenbank brauchen Frauen genauso wenig wie Linkshänder eine Versicherung für Linkshänder oder Autofahrer die Autopartei.

Wenn Frauen ihre finanzielle Zukunft lieber dem Partner überlassen, wie die Forscherinnen des DIA behaupten, geht es doch darum, jene Bank zu erreichen, zu der der Partner geht. Es ist überflüssig, neue Finanzprodukte auf den Markt zu werfen und ihnen das lila Logo der Frauenbank aufzudrücken, weil angeblich nur so die besonderen Bedürfnisse der Frauen berücksichtigt werden. Schon jetzt gibt es genug Aktienfonds und Versicherungen, die besonders für Frauen infrage kommen. Man muss sie nur finden. Statt viel Zeit und Geld in den Aufbau einer überflüssigen Bank zu investieren, sollten Huber und Hastreiter besser die Sparkassen, Volksbanken und großen Finanzkonzerne dazu bringen, die finanziellen Interessen aller Anleger ernst zu nehmen. Es geht schließlich um besondere Probleme und individuelle Lösungen. Und nicht ums Geschlecht.

Auch die Deutsche Bank hat das noch nicht verstanden. Sie lädt die weibliche Klientel lieber zu »Finance and Fashion« auf den Bonner Petersberg ein. Bei Mineralwasser und Häppchen erfahren 300 betuchte Damen aus der Region alles rund ums Geld – nach der Modenschau. Zuerst nämlich führt Edelschneider Escada die neuesten Kreationen vor. Dann geht es los mit harten Infos: zum Beispiel, dass 1771 an der Wiener Börse der Zutritt für Hunde, Bankrotteure und Frauen verboten war. Oder dass Geld weiblich ist, weil es ja »die Aktie« heißt und »die Börse«. Weil die Deutsche Bank wohl ahnt, dass so viele Fakten die Damen nur verwirren, hat sie auch einige Kundenberater geschickt. Die aber, notiert eine Reporterin des Magazins *Stern*, bewegen »sich steif zwischen den Frauengrüppchen«. Weil vielleicht auch sie nicht genau wissen, was diese Veranstaltung eigentlich soll.

Grand Cru über den Dächern von Genf

Während Normalverdiener mit Finanzprodukten von der Stange abgespeist werden und selbst für simple EC-Karten noch jährliche Gebühren zahlen müssen, werden hoch vermögende Kunden von den Banken hofiert. Eine Kiste Châteauneuf-du-Pape zum Geburtstag, eine Schachtel Zigarren aus Kuba oder Opernkarten gelten allenfalls als kleine Aufmerksamkeit. Weitaus wichtiger ist das geballte Fachwissen der Finanzexperten, die sich gleich im Team darum kümmern, die ohnehin schon großen Vermögen noch zu vergrößern. Dafür fliegen sie auch schon mal um die halbe Welt, um die wirklich interessanten Kunden zu Hause zu beraten.

Es gibt sie massenhaft, die richtig Reichen im Land. Nach Berechnungen des amerikanischen Brokerhauses Merrill Lynch haben etwa 370 000 Deutsche ein Geldvermögen von mehr als einer Million Euro – Immobilien und Grundbesitz sind dabei noch nicht einmal mitgezählt. Einem halben Prozent der Bevölkerung gehört mehr als ein Viertel aller Vermögenswerte. Im Jahre 2006 werden etwa 4 000 Familien in Deutschland jeweils mehr als 30 Millionen Euro besitzen. Und die Konzentration des Reichtums nimmt weiter zu. Bis 2010 werden 1,3 Billionen Euro (in Zahlen: 1 300 000 000 000!) vererbt. Gut für eine Bank, die einen wohlhabenden Clan rechtzeitig an sich binden kann.

So richtig wohl fühlt sich die erlesene Klientel bei den alteingesessenen Privatbankiers, also bei klangvollen Namen wie Rothschild, Sarasin, Warburg oder Oppenheim. Viele der exquisiten Geldhäuser stammen aus der Schweiz, wo Kleinmillionäre nichts verloren haben. Wer auf ein paar hunderttausend Euro achten muss, geht besser woanders hin. Die größte Schweizer Privatbank Pictet & Cie hat etwas mehr als hundert so genannte »Premiumkunden« mit durchschnittlich 800 Millionen Schweizer Franken Vermögen. Meist sind es Unternehmerfamilien aus Europa und dem Nahen Osten. Kommen die Clanchefs ausnahmsweise einmal persönlich zu Finanzgesprächen in die Schweiz, können sie auf Kosten der 1805 gegründeten Bank im hauseigenen Restaurant dinieren, wo ebenso vornehme wie schweigsame Kellner beim Blick über die Dächer von Genf gern einmal einen Grand Cru entkorken. Aber die Nobelkundschaft ist nicht wegen des guten Weines hier. Sondern wegen eines Problems, das wir alle haben.

Wir können uns nicht um alles gleichzeitig kümmern. Wir suchen hektisch nach Steuersparmodellen, haben aber kein Konzept, wie wir das Ersparte dann anlegen. Wir feilschen beim Gemüsehändler darum, die Zucchini vom Vortag ein paar Cent billiger zu kriegen, schlampen aber bei der Steuererklärung und verlieren deswegen mehrere hundert Euro. Wir verzichten 30 Jahre auf jeden Urlaub und teure Kleidung, um unser kleines Haus abzustottern, nur um dann, als der Ehepartner stirbt, vom eigenen Sohn vor die Tür gesetzt zu werden. Wer kennt sich schon mit Testamenten aus?

Die Superreichen kennen Leute, die sich auskennen.

Privatbankiers bieten eine ganz besondere Dienstleistung an: das »Family-Office«. Es ist eine Art gehobener Sekretariatsservice, der sich um fast alles kümmert: Soll das Aktienvermögen umgeschichtet werden? Gibt es einen Ort, wo sich ein paar Millionen steuersparend parken lassen? Soll das Familienvermögen in eine Stiftung überführt werden? Die Bankiers halten sich dafür ganze Teams von Steuerberatern, Anwälten, Immobilienspezialisten und Anlagestrategen, die sich nur um einen Kunden kümmern. Schließlich leben die Familienmitglieder oft über die ganze Welt verstreut, sind in den verschiedensten Ländern an Unternehmen beteiligt und haben mehrere Wohnsitze. Um internationale Erbschafts- und Steuerfragen zu bearbeiten, braucht es gleich eine Reihe ausgewiesener Experten. Die mit Öl reich gewordenen Rockefellers in den Vereinigten Staaten beschäftigen angeblich ein Family-Office, in dem 120 Angestellte den Clanmitgliedern das Leben leicht machen.

Wer im Family-Office arbeitet, muss schweigen können. Weil ihm im Lauf der Zeit pikante Details aus der Familiengeschichte zu Ohren kommen oder weil die Bankmitarbeiter schon mal exotische Jobs erledigen müssen. Nur selten werden Geschichten publik wie die eines Schweizer Bankiers, der einen Kunden aus einem Gefängnis in Korsika befreien musste. Weil dieser mit seiner Jacht im Mittelmeer kreuzte, aber die Beflaggung nicht mit den Papieren übereinstimmte, wurde er von den korsischen Behörden kurzerhand eingesperrt. Erst als der Bankier die Polizisten davon überzeugte, dass alles nur eine peinliche Panne gewesen war und überdies steuerliche Gründe hatte, wurde der First-Class-Gefangene wieder freigelassen. Für gute Kunden machen Banker so etwas schon mal. Ohne Aufpreis, versteht sich.

Seit einiger Zeit droht den traditionsreichen Privatbankiers aber Konkurrenz. Globale Finanzkonzerne wie Credit Suisse, Goldman Sachs oder die Deutsche Bank haben eigene »Private Banking«-Abteilungen geschaffen. Ihr weltweiter Marktanteil beträgt derzeit etwa 20 Prozent.

Mit einem freilich werden die Finanzkonzerne nie werben können: dass sie selbst im Familienbesitz stehen, statt anonymen Aktionären zu gehören. Die Führungskräfte und Berater in den Großbanken werden alle paar Jahre ausgetauscht und sind als angestellte Manager nur begrenzt haftbar. Die Privatbankiers dagegen stehen mit ihrem eigenen Vermögen gerade. »Weil wir selbst ein Familienunternehmen sind, sind wir glaubwürdiger, was die Betreuung von Familienunternehmen betrifft«, sagt Hubertus Freiherr von Rukavina, Gesellschafter der Kölner Privatbank Sal. Oppenheim und dort für das Privatkundengeschäft verantwortlich. Kapitalkräftige Großfamilien lieben Kontinuität. Wer hat schon Lust, alle paar Jahre aufs Neue zu erklären, in welchen Ländern der Clan seine Unternehmensbeteiligungen hält und wer mit wem verwandt ist?

Stil und Tradition sind die wichtigsten Argumente der Privatbankiers im Kampf gegen die globalen Finanzkonzerne. »Bei einer Großbank ist das so, als ob Sie zu Karstadt gehen, um einen Anzug zu kaufen – die kleine Privatbank ist der Maßschneider«, sagt der Schweizer Bankier Eric Sarasin. So mag zwar Josef Ackermann, der Chef der Deutschen Bank, ebenfalls souverän auftreten. Aber es ist schon etwas anderes, wenn man Charles und Ivan Pictet gegenüber sitzt, die immer einen kleinen goldenen Ring mit dem Wappen des Hauses tragen, der sie als Nachkommen einer jahrhundertealten Bankiersfamilie ausweist. Solche Details zählen. Das hat auch Sal. Oppenheim erfahren müssen. Als vor ein paar Jahren das Familienwappen vom Briefpapier, den Kugelschreibern und Taschenkalendern verschwand, beschwerten sich die reichen Kunden. Der bloße Schriftzug »Privatbankiers seit 1789« war ihnen nicht fein genug.

Hohe Ansprüche dürfen die Superreichen durchaus stellen – schließlich zahlen sie dafür. Ein Family-Office gibt es nicht umsonst; pro Jahr wird rund ein Prozent des verwalteten Vermögens fällig. Bei Multimillionären kann die jährliche Rechnung der Privatbank selbst schon mal in den Millionenbereich gehen. Die Superreichen allerdings sehen diese Kosten als das an, was sie wirklich sind: eine Investition, die sich auszahlt.

Wir dagegen feilschen lieber weiter beim Gemüsehändler.

Wahres gegen Bares

Man muss keine Millionen besitzen, um sein Geld ein klein weniger besser organisiert zu bekommen. Man muss dafür auch keine Millionen ausgeben. Aber selbst ein vergleichsweise geringer Betrag ist den meisten Deutschen bereits zu viel. Eine ernsthafte Geldberatung, die auch noch Geld kostet? Wir zahlen doch schon für unsere EC-Karte! Ein Versicherungscheck gegen Gebühr? Die Beiträge für die Police sind doch schon hoch genug!

Zu kurz gedacht.

Wir lassen uns von der Höhe einer einmaligen Beratungspauschale abschrecken und merken gar nicht, dass wir – verteilt auf mehrere Kleinbeträge – längst ein Vielfaches zahlen. Zählen Sie doch mal all die Gebühren und Provisionen zusammen, die Sie für Aktien, Bausparverträge, Lebensversicherungen und Ihre Kredite bisher ausgegeben haben. Wetten, dass diese Summe höher ist, als wenn Sie einmal ein pauschales Beratungshonorar gezahlt hätten – und dafür keine Provisionen für die einzelnen Finanzprodukte?

Schon heute bieten unabhängige Finanzplaner einen Service, der alle Aspekte unseres Lebens berücksichtigt: Vermögen, Sparziel, Steuern, Erbschaften, Familie und so weiter. Bei der ganzheitlichen Finanzplanung wird systematisch untersucht, welche Fehler wir bisher gemacht haben und was sie für unsere finanzielle Zukunft bedeuten. Wir bekommen das, was für ein Unternehmen selbstverständlich ist: eine Bilanz, die uns zeigt, wo wir stehen und ob wir unsere Ziele auch erreichen.

Zwischen 100 und 200 Euro verlangt ein unabhängiger Berater pro Stunde; für einen umfassenden Finanzplan sind bis zu 2 500 Euro fällig. Das ist viel Geld, kann sich aber dennoch rechnen – weil der Finanzplaner die Provision, die in den von ihm empfohlenen Fonds, Versicherungen und Verträgen enthalten ist, an seine Kunden zurückgibt. Und diese Provisionen sind immens. Immerhin sind sie so angelegt, dass der Berater in der Bank oder Versicherung auch dann noch auf sein Honorar kommt, wenn nur jeder dritte, vierte oder fünfte Kunde nach einem Beratungsgespräch tatsächlich etwas kauft.

Gerade mal 600 so genannte Certified Financial Planner gibt es heute in Deutschland; weltweit sind es rund 65 000. Dazu kommen viele, die sich zwar Finanzplaner nennen, aber nicht unabhängig sind. Auch Banken und Versicherer haben diesen Service inzwischen entdeckt und bieten Normalverdienern eine umfassende Finanzplanung an. Allerdings: Manche Geldhäuser kassieren auf diese Art nur doppelt. Erst das Honorar für die Planung, dann die Provision für die empfohlenen Produkte.

Es ist schon paradox, wenn nur die Superreichen bislang bereit sind, für eine umfassende Finanzplanung zu bezahlen, im Grunde aber jeder damit Probleme hat. Würde eine Bank oder Versicherung heute für jede Beratung offen Geld verlangen – was sie verdeckt bereits macht –, wäre unser Aufschrei groß: »Abzocker« und »Wegelagerer« wären noch die mildesten Worte. Für Geld würden die Deutschen fast alles tun. Sie würden, wie gesagt, auf ein Jahr ihres Lebens verzichten, aufs Autofahren und auf Sex. Aber sie sind nicht bereit, ein wenig Geld zu geben, um viel mehr Geld zu bekommen.

»Deshalb gibt es in Deutschland auch so wenig Finanzberater auf Honorarbasis«, sagt der Finanzanalytiker Volker Looman. »Die würden hier glatt verhungern.«

Kapitel 4
Profiteure des Unglücks

Wie Rechtsanwälte mit
unseren Hoffnungen spielen

Unfähig, unsere Fehler einzugestehen, suchen wir die Schuld immer bei anderen. Zum Beispiel bei Managern, die die Bilanzen ihrer Unternehmen schönen und mit windigen Kennzahlen tricksen. Als ob wir ihre Zahlen verstehen würden, selbst wenn sie korrekt sein sollten. Wer findet sich schon im Dickicht der Buchhaltung zurecht, wer kennt schon den Unterschied zwischen HGB, IAS und US-GAAP? Alles Bilanzierungsmethoden, ja klar, aber die Details? Wer weiß schon eine Umsatzprognose zu beurteilen, die der Vorstandsvorsitzende einer Computerfirma im Fernsehinterview verkündet? Wir nicht.

Jetzt sind unsere Aktien wertlos und auch die schönen Beträge geschrumpft, die der Versicherungsvertreter früher einmal vorgerechnet hat. Was nun? An unserer eigenen Dummheit kann es schließlich nicht gelegen haben, dass wir jetzt so schlecht dastehen – damit würden wir ja eingestehen, zu gierig gewesen zu sein. Jemand anderes muss Schuld sein an unserer Pleite. Jemand anderes soll nun dafür bezahlen; die Justiz soll uns helfen. Gerichte und Anwälte sollen wiederbringen, was uns Börse, Banken und Betrüger nahmen.

Wenn finanzielle Analphabeten vor Gericht ziehen, zahlen sie mit hoher Wahrscheinlichkeit ein zweites Mal und verlieren auch noch den Rest ihres Geldes an die Justizkassen und die Anwälte, die sie mit geschickten Marketingtricks geködert haben. Im besten Fall dauert es mehrere Jahre, bis geprellte Anleger überhaupt zu ihrem Recht kommen. Dann existiert das Unternehmen vielleicht schon gar nicht mehr, und es wird trotz eines Urteils schwierig, an Geld zu kommen. Im schlimmsten Fall dauert es ebenfalls mehrere Jahre, kostet aber ein Vermögen: Wer ein 50 000-Euro-Verfahren bis zum Bundesgerichtshof (BGH) durchzieht und in allen Instanzen verliert, kann dafür mehr als 25 000 Euro ausgeben – jeweils etwa 10 000 Euro für den eigenen Anwalt und den des Gegners. Und noch einmal mehr als 5 000 Euro für die Gerichte.

Seit im Frühjahr 2000 die große Talfahrt der Aktienkurse begann, gibt es kaum ein Unternehmen, das noch nicht von enttäuschten Anteilseignern auf Schadenersatz verklagt worden ist. Großkonzerne wie die Deutsche Telekom wurden vor den Kadi gezerrt, vor allem aber die einst so viel versprechenden Namen der New Economy. Der Netzwerk-Anbieter Comroad gehört dazu und die Firma Metabox, die mithilfe so genannter Set-Top-Boxen auf dem Fernsehgerät das Internet in die Wohnzimmer holen wollte. Aber auch um den einst so schillernden Filmrechtehändler EM.TV, dessen Aktien erst um 27 000 Prozent stiegen und anschließend nahezu wertlos wurden, toben zahlreiche Prozesse. Die bittere Erkenntnis: Mit den Rechten an der Formel 1, der *Biene Maja* und der *Muppets Show* ist bei weitem nicht so viel Geld zu verdienen wie gedacht.

Streitfälle wie diese sind neu für die deutsche Justiz. Massenhaft klagende Kleinanleger? So etwas hat es früher nicht gegeben. Erst vor wenigen Jahren wurden die Deutschen ein gierig Volk von Aktionären. Jetzt sind sie ein einig Volk der Kläger.

Doch wenn es vor Gericht gegen Unternehmen oder deren Vorstände geht, sind Schadenersatzprozesse um Spekulationsverluste an der Börse hoch riskant. Juristische Risiken selbst einzuschätzen, ist uns Laien nahezu unmöglich. Weil wir nicht nur finanzielle, sondern auch rechtliche Analphabeten sind. Wir konnten schon kaum beurteilen, welche Gefahren bei Optionsscheinen oder Hedgefonds lauern. Woher sollen wir jetzt wissen, ob eine Klage vor Gericht auch nur den Hauch einer Chance hat? Zum zweiten Mal bleibt uns nichts anderes übrig, als zu glauben, dass uns jemand helfen will. Erst waren es die Berater der Banken, die uns schnellen Reichtum und großen Wohlstand versprochen haben. Nun vertrauen wir darauf, dass Anwälte und Gerichte uns so etwas wie Gerechtigkeit bringen. Schön wär's. Ein neues Spiel beginnt, doch es hat dieselben Regeln wie das alte.

In Sachen Fleischermeister

Wie schnell sich ein Sieg in der ersten Instanz in Luft auflösen kann, zeigt der Fall eines Fleischermeisters aus dem Ruhrgebiet. Er verlor mit Aktien der Firma Infomatec viel Geld. Dabei hatte alles so einfach geklungen, als er 1999 begann, sich für das junge Unternehmen aus Augsburg zu interessieren.

Infomatec war ein typisches Kind der New Economy und schickte sich an, Börsengeschichte am Neuen Markt zu schreiben. Das Unternehmen verkaufte Software und Dienstleistungen für Computersysteme und das Internet. Offenbar erfolgreich, denn der Aktienkurs kletterte unaufhaltsam und hatte sich seit dem Börsengang im Jahr zuvor bereits vervielfacht. Warum sollte dies nicht so weitergehen?

Im Frühjahr 1999 schien das kleine Unternehmen eine große Zukunft zu haben. Infomatec verkündete hochoffiziell, man habe einen Großauftrag der bekannten Telefonfirma Mobilcom ergattert. Der Wert: 28 Millionen Euro. Wenige Monate später versuchte der Fleischermeister sein Glück und kaufte Infomatec-Aktien. Der Kurs: knapp 200 Euro. Sein Einsatz: 46 000 Euro, finanziert mit einem Kredit, den ihm seine Bank bereitwillig einräumte. Dann brachen die Kurse ein. Ende 2002 wurden für eine Infomatec-Aktie nur noch mickrige vier Cent gezahlt. In der Hoffnung, mit Internetsoftware reich zu werden, hatte der Fleischermeister alles verloren. Und den Kredit für den Aktienkauf musste er außerdem zurückzahlen.

Zusammen mit der Kanzlei von Klaus Rotter aus Grünwald bei München verklagte der Fleischermeister das Unternehmen und die beiden Vorstände Gerhard Harlos und Alexander Häfele. In der ersten Instanz lief noch alles reibungslos. Das Landgericht Augsburg stellte »im Namen des Volkes« fest: Die Mitteilung von Infomatec war falsch, den Großauftrag hatte es nie gegeben, nur einen deutlich kleineren. Weil sich der Fleischermeister aber auf die schönen Worte verlassen hatte, sollte er sein Geld zurückbekommen, zusammen mit den Zinsen für den Kredit. Die Begründung der Richter: Die falsche Mitteilung habe gegen das Börsengesetz verstoßen. Punkt.

Prompt wurde das Urteil gefeiert. Die Anwälte der Kanzlei Rotter verklärten es zum »Meilenstein im über hundertjährigen deutschen Aktienrecht«. Und tatsächlich war die Entscheidung etwas Besonderes. Mit ähnlichen Klagen waren bereits zahlreiche andere Kleinaktionäre vor Gericht gescheitert. War das die Wende?

Die Hoffnung zerstob in der zweiten Instanz. Das Oberlandesgericht München hob das Urteil aus Augsburg wieder auf. Zwar bestätigten die Richter, dass der Großauftrag erfunden war und die Mitteilung gegen das Börsengesetz verstoßen habe. Aber das bedeute noch lange nicht, dass der Fleischermeister deswegen sein Geld zurückbekäme. Die Begründung: Der entsprechende Paragraf schütze nur den Kapitalmarkt als Ganzes, nicht aber Einzelpersonen wie ihn. Beschlossen und verkündet »im Namen des Volkes«: Keinen Cent für den Kläger.

Dem Fleischermeister bleibt – wieder einmal – nur die Hoffnung. Nämlich auf die dritte Instanz. Inzwischen liegt die Akte Fleischermeister gegen Infomatec beim Bundesgerichtshof in Karlsruhe.

Wenn Großbanken sich wehren

Vor Gericht sind alle gleich – aber manche haben mehr Macht. Wer es wagt, nicht nur ein kleines Unternehmen der New Economy zu verklagen, sondern sich gleich mit einer renommierten Großbank anlegt, braucht starke Nerven und ein dickes Geldpolster. Ein Finanzkonzern ist ein mächtiger Gegner, der ohne Skrupel sämtliche Register ziehen wird, um die Justiz in seinem Sinne zu beeinflussen oder das Verfahren zu verzögern. Zeit und Geld spielen keine Rolle, wenn Banken sich wehren.

Schon mehr als ein Jahrzehnt ermitteln Richter im Skandal um die so genannten Schrottimmobilien; ein Ende ist nicht abzusehen. Deutsche Banken sollen damals mehr als 100000 Menschen wertlose Eigentumswohnungen nebst Finanzierung angedreht haben. Die Hypo-Bank mischte am stärksten in dem zweifelhaften Geschäft mit, bevor sie einige Jahre später mit der Vereinsbank zur HypoVereinsbank fusionierte. Aber auch viele andere Banken, Volksbanken und sogar Sparkassen waren mit von der Partie. Vor allem kleine Immobilien wie Studentenappartements oder Einzimmerwohnungen führten Anfang der neunziger Jahre die gutgläubigen Kleinverdiener in die Schuldenfalle. Geschickte Verkäufer – zum Teil von den Banken selbst geschult – besuchten ihre Opfer zu Hause. Mit Vorliebe wählten die Vertriebsprofis unbedarfte Menschen, die sich nie im Leben eine Immobilie gekauft hätten und denen sich leicht einreden ließ, die eigenen vier Wände seien die ideale Altersvorsorge.

So wie Ulf Bossert (Name geändert). Dem Techniker, der damals gerade mal 2500 Mark netto verdiente, schwatzte ein Vertreter eine Einzimmerwohnung für fast eine Viertelmillion Mark auf. Die Kalkulation schien logisch. Um den Kredit zu tilgen, müsse er nur 450 Mark im Monat zahlen, rechnete der Vertreter an Bosserts Wohnzimmertisch vor. Den Rest würden Steuervergünstigungen und vor allem Mieteinnahmen beisteuern. Und für den Fall, dass sich einmal kein Mieter fände, bürge eine Gesellschaft für die Einnahmen. Wie praktisch: Kaufvertrag und die passende Finanzierung hatte der Verkäufer gleich dabei. Und ein Termin beim Notar war auch schnell gemacht.

Was der Verkäufer in der Eile nicht erzählte: Durch hohe Provisionen und zahlreiche Fantasie-Gebühren war der Preis der Immobilie künstlich aufgebläht. Kein Wort davon, dass sich Ulf Bossert das Ganze noch einmal in Ruhe überlegen solle. Auch nicht, dass er eine Woche nach seiner vorschnellen Unterschrift sogar vom Vertrag hätte zurücktreten können, wie es das Gesetz vorsieht.

Es kam, was kommen musste. Wegen des aufgeblähten Kaufpreises hätte die zur Finanzierung der Wohnung notwendige Miete extrem hoch sein müssen, doch kein potenzieller Mieter wollte so viel zahlen. Die angeblich kapitalstarke Gesellschaft, die für diesen Fall geradestehen sollte, war dummerweise doch nicht so gut ausgestattet und ging ziemlich schnell Pleite. Ulf Bossert kassierte keine Miete, die Raten für seinen Kredit liefen aber weiter. Statt 450 Mark musste er auf einmal 1800 Mark im Monat aufbringen, um das Darlehen abzustottern. Er zahlte. Bis er nicht mehr zahlen konnte – weil das Konto überzogen, das Sparbuch geplündert und das Auto verkauft war und ihm auch kein Freund mehr Geld leihen wollte.

Wie Bossert erging es vielen. Zu Tausenden verklagten die Opfer ihre Banken und wollten die Schrottimmobilien zurückgeben, wenn sie dafür nur von ihren Schulden loskämen. Ihre Argumentation: Da die Vertreter sie meist nicht darüber informiert hatten, dass sie innerhalb einer Woche von diesem Geschäft zurücktreten konnten, seien sie heute nicht mehr an die tückischen Verträge gebunden. So ist die Rechtslage jedenfalls bei allen anderen Geschäften, die man an der Wohnungstür abschließt, zum Beispiel den Kauf eines Staubsaugers. Warum nicht auch für Immobilien?

In den meisten Fällen stellten sich die Banken stur. Schließlich hatte im Frühjahr 2002 der Bundesgerichtshof das erste Verfahren zu entscheiden – verklagt worden war die HypoVereinsbank.

Bereits vor dem Urteil wurde publik, wie verschiedene Banken mittlerweile versuchen, die Meinung der maßgeblichen Juristen in ihrem

Sinn zu beeinflussen. Sie liefern den Gerichten zum Teil jede Menge Begründungsvorschläge für deren Entscheidungen. Und das schon seit Jahren. So gehört die Interessengemeinschaft Frankfurter Kreditinstitute zum Herausgeberkreis der *Wertpapier-Mitteilungen*, die eine einflussreiche juristische Fachzeitschrift gleichen Namens verlegt. Dort werden die bedeutendsten bankrechtlichen Fragestellungen diskutiert – unter anderem auch der Fall der geprellten Immobilienkäufer. In dem bankenfreundlichen Aufsatz eines Wissenschaftlers war sogar die Fußnote zu finden, dass der Text »durch eine Anfrage aus der Kreditwirtschaft angeregt« worden war. Beliebt sind auch die Seminare der *Wertpapier-Mitteilungen* zum Bankrecht. Dort traten schon Richter des Bundesgerichtshofs auf, die normalerweise für die Bankenfälle zuständig sind. Gegen angemessenes und übliches Honorar, wie sie öffentlich zugeben – freilich ohne die genaue Summe zu nennen.

Auch Helmut Bruchner nahm an einem Seminar der *Wertpapier-Mitteilungen* teil. Bruchner, einer der obersten Justiziare der HypoVereinsbank, referierte dort ausführlich über das damals noch schwebende Verfahren gegen seine Bank und wie es die Richter am Bundesgerichtshof zu lösen hätten. Wenig überraschend: Seine Bank muss gewinnen.

Bruchners Wort hat Gewicht in der Rechtswissenschaft. An dem HypoVereinsbank-Juristen kommt niemand vorbei, der sich mit dem Immobilienskandal beschäftigt. Bruchner bearbeitet das *Bankrechts-Handbuch* – ein Werk, das schon bei Jurastudenten als »Bibel des Bankrechts« gilt. Er ist Mitherausgeber einer Fachzeitschrift und kommentiert in einem Standardwerk genau jene Gesetze, die für die brisanten Immobilien-Fälle entscheidend sind. In solche Bücher schauen Richter, bevor sie ihre Urteile fällen.

Ob die geballte publizistische Lobbyarbeit den Banken etwas gebracht hat, ist noch nicht ganz klar. Viel Hoffnung können sich die geprellten Anleger allerdings nicht machen. Zwar entschied der Bundesgerichtshof, dass die Opfer der Immobiliengeschäfte ihre Kreditverträge auch heute noch widerrufen können. Wirtschaftlich aber stehen die Betroffenen damit genauso schlecht da wie zuvor. Kreditvertrag und Kaufvertrag sind nach Ansicht der Richter zwei verschiedene Dinge. Und das bedeutet, dass die Opfer ihre wertlosen Immobilien nicht an die Banken zurückgeben können. Das Problem: Wer den Kreditvertrag kündigt, muss das ganze Geld zurückzahlen, das ihm die Bank damals geliehen hat. Dieses Geld aber ist in den Kauf der Wohnungen geflossen. Und die bekommen die Opfer nun nicht mehr los. Die Bank will sie nicht haben, und auch auf dem freien Markt gibt es kaum Käufer – schließlich sind die Immobilien in den meisten Fällen kaum etwas wert.

Aktionär ist Anwalts Liebling

Wenn wir von Geld etwas verstehen würden, wären wir jetzt nicht hier, um juristischen Rat einzuholen. Finanzielle Analphabeten, die zum ersten Mal in ihrem Leben in einer Anwaltskanzlei sitzen, ahnen noch nichts von hohen Kosten und jahrelangem Ärger. Sie machen sich keine Vorstellung von dem Spiel, auf das sie sich einlassen. Wie sollten sie auch? Sie haben Ärger, fühlen sich ungerecht behandelt und freuen sich über jeden, der ihrer Meinung ist. Am Anfang des Gespräches nickt der Anwalt verständnisvoll; er hat in der Regel keinerlei rechtliche Bedenken und versichert seinem Mandanten gut gelaunt, dieser könne vor Gericht gar nicht verlieren. Der Fall sei sonnenklar.

Schade nur, dass nicht der Anwalt einen Prozess entscheidet, sondern ein Richter. Und dass dieser den Fall möglicherweise ganz anders beurteilt. Schließlich muss, wer vor Gericht etwas fordert, auch die notwendigen Beweise vorlegen. Und gerade geprellten Kleinanlegern im Kampf um Schadenersatz fällt das äußerst schwer. Sie müssen belegen, dass die Manager der abgestürzten Aktiengesellschaften sie vorsätzlich oder grob fahrlässig über die wahre Lage der Firma getäuscht haben. Das wird zum Problem, weil die Unternehmen nicht verpflichtet sind, Akten und Informationen herauszurücken. Wer was zu welcher Zeit gewusst hat, lässt sich so gut wie nie nachweisen. Und wie will man den Schaden beziffern, den man ersetzt haben möchte? Wer vorgibt, nur wegen einer positiven Unternehmensnachricht Aktien gekauft zu haben, muss eine fast unmögliche Rechnung aufstellen: Wo hätte der Aktienkurs gestanden, wenn damals schon alle gewusst hätten, dass die Erfolgsmeldung des Unternehmens falsch war?

Oft genug steht der Mandant nach der Urteilsverkündung mit großen Augen und einer hohen Rechnung da und wundert sich, dass er nun doch verloren hat. Wie das passieren konnte, wo der Fall doch sonnenklar gewesen war? Auch dafür haben Anwälte eine Antwort parat – Die fehlerhafte Rechtsauffassung des Gerichts. Soll heißen, der Richter hat keine Ahnung. Aber man kann ja in die Berufung gehen.

Wenn finanzielle Analphabeten richtig Pech haben, geraten sie an einen schlechten Anwalt, der sie ohne Aussicht auf Erfolg durch alle Instanzen treibt. Haben sie Glück und treffen auf einen ehrlichen Anwalt, bekommen sie im besten Fall eine offene Antwort. Die mag ihnen zwar nicht gefallen, bewahrt sie aber möglicherweise vor teuren Fehlern.

Die Wahrscheinlichkeit, an einen schlechten Anwalt zu geraten, ist allerdings weitaus höher. Das hat zwei Gründe. Der erste ist Geld. Wirtschaftlich gesehen hat ein Rechtsanwalt gar kein Interesse daran, uns von einer Klage abzuraten. Das liegt am gesetzlich vorgeschriebenen Honorarsystem, wonach der Anwalt seine Arbeit streng nach Gebührentabelle abrechnen muss. Es gibt zwar einige Ausnahmen, aber vereinfacht gesagt funktioniert die Bezahlung von Rechtsanwälten nach folgendem Muster: Eine Beratung in der Kanzlei bringt Geld. Eine Klage vor Gericht bringt mehr Geld. Und je höher der Streitwert, desto höher das jeweilige Honorar. Geht es um Verluste an der Börse, ist der Fall besonders lukrativ, denn meist sind mehrere zehntausend Euro im Spiel. Aktionär ist Anwalts Liebling.

Der zweite Grund, warum wir mit hoher Wahrscheinlichkeit an einen schlechten Anwalt geraten: Die meisten Advokaten sind schlecht auf ihren Job vorbereitet.

Seit langem schon werden Abiturienten vor dem Jurastudium gewarnt, doch nach wie vor sind die Rechtswissenschaften eines der beliebtesten Fächer an der Uni. Mehr als 18 000 Studenten fangen jedes Jahr damit an – meist ohne zu wissen, worauf sie sich einlassen. Nach vier bis fünf Jahren Studium, Wartezeit, zwei Jahren Referendariat und zwei Staatsexamen sind die meisten um die 30 Jahre alt und stellen fest, dass sie in großen Schwierigkeiten stecken. Gerade mal zwei Prozent der Juristen schließen ihre Examina mit den Noten »sehr gut« oder »gut« ab. Völlig normal ist es hingegen, knapp am »mangelhaft« vorbeizuschrammen. Das passiert den meisten. Und dann?

Der Weg in den Staatsdienst ist für sie versperrt, denn die paar Planstellen für Richter oder Staatsanwälte besetzen die wenigen Absolventen mit den besten Examensnoten, ebenso die Schreibtische in den großen Wirtschaftskanzleien. Für eine andere Ausbildung ist es meist zu spät, denn Studium und Referendariat haben lange gedauert und irgendwann muss man schließlich anfangen, Geld zu verdienen. Auch im Ausland sieht es schlecht aus: Mit Kenntnissen im deutschen Recht kann man – anders als bei Medizin oder Maschinenbau – außerhalb der Bundesrepublik nicht viel anfangen. Was bleibt übrig?

Ein Messing-Türschild mit der Aufschrift »Rechtsanwalt« hat noch so gut wie jeder bekommen, der es haben wollte; praktisch haben nur Schwerverbrecher dabei Probleme. Mehr als 120 000 zugelassene Anwälte gibt es derzeit in Deutschland und jedes Jahr kommen neue hinzu. Längst ist die Bezeichnung »Anwaltsschwemme« in den allgemeinen Wortschatz übergegangen. Das Fatale daran: Die meisten Berufseinsteiger haben das Falsche gelernt. Studium und Referendariat kümmern sich kaum um den Anwaltsberuf, denn beide orientieren sich bislang an der »Befähigung zum Richteramt«. Das ist das gesetzlich definierte Ziel der Juristenausbildung – obwohl 80 Prozent der Absolventen später als Anwalt arbeiten müssen.

Als Anwalt zu arbeiten heißt aber auch, sich auf eine brutale Konkurrenzsituation einlassen zu müssen. Wer sich heute als Anwalt niederlässt, muss sich mit Scheidungen, Verkehrsunfällen und der Verteidigung von Ladendieben herumschlagen, um einigermaßen über die Runden zu kommen. Alles kleine Fische und juristisches Standard-Handwerk, aber auch das kostet viel Zeit. Wer sich um alles kümmert, kann sich nicht auf bestimmte Rechtsgebiete spezialisieren. Und genau das kann zur teuren Falle für einen Mandanten werden, der seine Bank verklagen will. Kapitalanlagerecht ist eine vergleichsweise neue und juristisch hochkomplexe Materie. Fragen Sie sich doch mal selbst: Wie wahrscheinlich ist es, dass sich ein Anwalt, der bislang nur gegen Strafzettel fürs Falschparken oder gegen dreiste Mieterhöhungen geklagt hat, erfolgreich mit Großbanken oder Unternehmen anlegt, in deren Rechtsabteilungen gleich Dutzende hoch spezialisierter Fachleute nur damit beschäftigt sind, lästige Kleinanleger abzuwehren? Na, bitte.

Dass finanzielle Analphabeten an den falschen Anwalt geraten, ist ziemlich wahrscheinlich. Die Chance, das rechtzeitig zu erkennen, geht hingegen gegen null. Wie sollen wir auch ahnen, dass es dem Anwalt unseres Vertrauens möglicherweise nur ums Geld geht? Wie wollen wir beurteilen, ob seine juristische Argumentation brillant oder völlig abwegig ist? Wenn wir Gewissheit haben, ist es schon zu spät. Dann haben wir einmal ein Urteil. Und zwei Mal Geld verloren.

Maschen zum Kaschen

Es gibt zu viele Anwälte in Deutschland und zu wenig Arbeit für sie. Deshalb müssen Anwälte potenzielle Mandanten auf sich aufmerksam machen, koste es, was es wolle. Ihre Berufskollegen in den Vereinigten Staaten haben längst begriffen, wie das funktioniert. Dort unterscheidet sich die Werbung eines Anwalts um Mandanten kaum von der eines Marktschreiers: Wer am lautesten brüllt, bekommt das Mandat. Besonders viele Mandate bekommt offenbar Jim Shapiro, der Büros in mehreren Bundesstaaten betreibt. Hier ein frei übersetzter Auszug aus seiner Selbstdarstellung: »Jim Shapiro ist ein furchtloser, smarter und aggressiver Rechtsanwalt, der als ›Der Hammer‹ bekannt ist. Er sieht es als seinen Lebensinhalt an, Opfern zu Schadenersatz zu verhelfen. Indem er ihnen Geheimnisse verriet, die Versicherungsunternehmen am liebsten für sich behalten, half Mister Shapiro bereits Tausenden von Menschen. Er gab Interviews in landesweit ausgestrahlten Fernsehshows.« Als ob es bereits ein Qualitätsmerkmal ist, wenn ein Anwalt immer wieder im Fernsehen auftritt.

Kaum zurückhaltender sind Shapiros Bücher, mit denen er auf Beutefang geht: *Verklag' die Bastarde!* und *Holen Sie sich ihre verloren gegangenen Investitionen zurück* – reißerisch aufgemachte Druckwerke, in denen er sich ungeniert als »100-Millionen-Dollar-Super-Anwalt« feiert. Auch mit seinen Gegnern geht Shapiro nicht gerade zimperlich um. Auf den Internetseiten seiner Kanzlei veröffentlicht »Der Hammer« eine Rangliste der seiner Meinung nach verachtenswertesten Aktienhändler. Das ist der Hammer.

In Deutschland war den Rechtsanwälten jahrzehntelang bis ins Detail vorgeschrieben, wie sie sich in der Öffentlichkeit zu verhalten haben. Sogar für die Gestaltung des kanzleieigenen Briefpapiers gab es genaue Regeln. Erst seit ein paar Jahren beginnt sich das zu ändern. Nach der neuen Berufsordnung für Anwälte, die seit 1996 gilt, ist es ihnen immerhin gestattet, in gewissem Rahmen für sich zu werben: »Der Rechtsanwalt darf über seine Dienstleistung und seine Person informieren, soweit die Angaben sachlich unterrichten und berufsbezogen sind.«

Was das allerdings genau bedeutet, wissen bislang noch nicht einmal Fachleute. Die Autos der Kanzleimitarbeiter mit bunten Folien zu bekleben, auf denen die Büro-Telefonnummer steht, scheint beispielsweise zulässig zu sein – so entschied jedenfalls ein Gericht. Dagegen musste auch schon mal ein Anwalt die Werbeplakate wieder abnehmen, die er an Bushaltestellen geklebt hatte.

Bei jeder Aktion, die ein Rechtsanwalt offen als Werbung kennzeichnet, kann er sicher sein, sofort einen Konkurrenten am Hals zu haben, der ihm in die Parade fahren will. Zwei Anwälte aus dem Rheinland haben sich vor ein paar Jahren erbittert bekämpft, weil einer der beiden ein neunzeiliges Kleininserat in einem regionalen Anzeigenblättchen veröffentlicht hatte und auch Hausbesuche anbot. »Unterlassung!«, forderte der Konkurrent, verwies auf die Werberegeln und zog vor Gericht. Mit Erfolg: Als »anlockend und anbiedernd« und »der Würde eines unabhängigen Organs der Rechtspflege unangemessen« werteten die Richter des Landgerichts Bonn die neunzeilige Kleinanzeige.

Mit klassischer Werbung setzen sich Anwälte einem hohen Risiko aus. Um sich die Unterlassungsklagen der Konkurrenz vom Hals zu halten, aber dennoch an neue Mandanten zu kommen, betreiben viele von ihnen Marketing nach Guerilla-Methode: kaum zu durchschauen, aber hoch effizient. Dumme Anleger sind willige Opfer. Weil wir alle von Geld nichts verstehen, fällt es uns so schwer, Verluste zu akzeptieren. Wenn die Gier nach Gewinnen zu realen Verlusten geführt hat, wollen wir wenigstens unseren Einsatz wiederhaben. Und so werden wir zu Mandanten gemacht:

Willkommen im Klub

Früher kamen Anwälte im Tennis- oder Golfklub an neue Kunden. Es ist eine wunderbare Methode: Man kennt sich seit Jahren, spielt ab und zu am Wochenende eine Partie, trinkt nachher zusammen ein Bier im Vereinslokal, und wenn dabei über die Beule am Neuwagen, die Scheidung oder eine Steuernachzahlung gesprochen wird, spätestens dann ist ein neues Mandat in greifbarer Nähe. Geprellte Kleinaktionäre findet man zwar auch auf dem Tennis- oder Golfplatz, aber noch einfacher ist der Mandantenfang woanders. Dort, wo finanzielle Analphabeten gleich massenweise zusammenströmen, um über Vorstände, Bankmanager und Analysten zu schimpfen, und wo sie Rat und Hilfe suchen: bei Aktionärsschützern und ihren Verbänden. »Sie sind eine Fortentwicklung des Vertriebswegs Golfklub«, sagt Ulrich Scharf, Vizepräsident der Bundesrechtsanwaltskammer in Berlin. »Allerdings ist es eine Ausnahme, dass Rechtsanwälte auf diese Art an neue Mandanten gelangen.« Aber wie lange noch?

Zu den bekanntesten Aktionärsschützern gehören die Deutsche Schutzvereinigung für Wertpapierbesitz (DSW), die Schutzgemeinschaft der Kleinaktionäre (SdK) und der Deutsche Anlegerschutzbund (DASB). Außerdem gibt es zahlreiche kleinere Verbände mit ähnlich klingenden Namen, die damit werben, sich für die Belange von geprellten Aktionären einzusetzen. Es gibt sie teilweise schon seit vielen Jahrzehnten, doch erst mit dem Niedergang der Börse wittern sie ihre große Chance. Jetzt gehen sie auf Werbetour. Und wir sind ahnungslos genug und fallen darauf herein.

Meist stehen Rechtsanwälte diesen Vereinen sehr nahe oder fungieren gleich als Sprecher, Vorstand oder Berater. Es ist ein bewährtes Prinzip. »Man gründet einen Verein und besetzt ihn mit Anwälten. Der Verein weckt dann den Bedarf und kanalisiert ihn entsprechend«, sagt Standesvertreter Scharf. Wenn es darum geht, Stimmung zu machen und diese auszunutzen, sind Aktionärsschützer wahre Profis. Ihre Bühne sind die jährlich stattfindenden Hauptversammlungen, auf denen sich Vorstände, Aufsichtsräte und Anteilseigner treffen. Diese Veranstaltungen füllen regelmäßig ganze Stadthallen – alles potenzielle Mandanten. Auf der Bühne sitzen die Manager, im Saal die Aktionäre und ihre selbst ernannten Beschützer, die den Vorstand mit kritischen Fragen in die Zange nehmen. Das macht Eindruck. Und die Ergebnisse? Auf jeden Fall neue Mandanten. Zwar ist nicht ausgeschlossen, dass später sogar Prozesse gewonnen werden können. Aber in einer ganzen Reihe von Fällen hat die Sache keinen Erfolg.

Wenn wir etwas mehr von Geld verstehen würden, dann würden wir uns auch dafür interessieren, wer das eigentlich genau ist, der nun vorgibt, unser Freund zu sein. Was die wenigsten wissen: Einige

Aktionärsschützer, die auf Hauptversammlungen die Manager kritisieren, pflegen zu ihnen ansonsten einen recht innigen Kontakt. Interessant sind die engen Verflechtungen mit deutschen Großkonzernen, die zum Beispiel die DSW in den vergangenen Jahren immer wieder hatte. Leise, ganz leise, hatten die Aktionärsschützer für ihre Leute gleich eine ganze Reihe von Aufsichtsrats-Mandaten bei großen Konzernen wie KarstadtQuelle, E.on oder Brau & Brunnen gesammelt. Auch in die entgegengesetzte Richtung funktionierte der Kontakt in die Topetagen der deutschen Wirtschaft: Im so genannten »DSW-Kuratorium« sitzen neben einigen Anwälten etliche Manager von Banken und börsennotierten Unternehmen – zum Beispiel vom Mischkonzern Linde und der Deutschen Post. Also genau jene Manager, gegenüber denen die Aktionärsschützer eigentlich die Sache der Privatanleger vertreten sollen. Einen Interessenkonflikt hat die DSW immer bestritten, legt auf die Zusammenarbeit mit den Wirtschaftsbossen aber viel Wert. Der »beratende Charakter« des Kuratoriums, lassen die Aktionärsschützer wissen, werde »deutlich unterstrichen«.

Staatsanwälte als PR-Gehilfen

Strafanzeigen sind eine besonders trickreiche Methode, um enttäuschte Aktionäre mithilfe der Staatsanwaltschaft in zahlungswillige Mandanten zu verwandeln. Das Muster ist immer ähnlich. Ein Aktienkurs stürzt ab, die Kleinaktionäre sind enttäuscht und irgendein Anwalt zeigt die Topmanager des Unternehmens wegen Betrugs an. Gute Presse und Schlagzeilen auf den Titelseiten sind ihm sicher, weil die Medien einen Skandal wittern.

Der ehemalige Mannesmann-Chef Klaus Esser wurde schon angezeigt und ebenso Ron Sommer, Ex-Vorstandschef der Deutschen Telekom. Sie eigneten sich für Strafanzeigen besonders gut, denn in beiden Fällen empörte sich das Volk: Esser kassierte rund 30 Millionen Euro Abfindung, als Mannesmann nach einer wochenlangen Abwehrschlacht doch noch vom britischen Mobilfunkriesen Vodafone übernommen wurde. Ron Sommer bewegte den Kurs der T-Aktie – nur leider in die falsche Richtung. Aus der Volksaktie wurde Volkszorn.

Doch um ein Strafverfahren gegen einen Topmanager einzuleiten, braucht es keine Anzeige durch prestigesüchtige Rechtsanwälte, schon gar nicht, wenn in den Medien ausführlich über hohe Abfindungen und niedrige Aktienkurse berichtet wird. Auch ein Staatsanwalt liest Zeitung. Und wenn er den Verdacht hat, bei Mannesmann oder der Telekom seien kriminelle Deals gelaufen, dann ist er sogar gesetzlich zu Ermittlungen verpflichtet. Es mag ja den einen oder anderen Staatsanwalt geben, der es nicht wagt, gegen Topmanager zu ermitteln. Und dann mag es auch hilfreich sein, wenn ein Rechtsanwalt die Ermittlungen anstößt und wenn die Medien dann kontrollieren, mit welcher Begründung der Staatsanwalt das Verfahren aufnimmt oder ablehnt. Gefährlich wird es aber, wenn es nicht nur ein paar Anzeigen im Jahr sind, sondern ein paar hundert. Und wenn diese Anzeigen nur dazu dienen, einigen Anwälten billige Werbung zu verschaffen.

Gegen PR-Tricks kann sich die Justiz kaum wehren. Ein Staatsanwalt ist verpflichtet, alle Papiere durchzuarbeiten, die ihm der Anwalt schickt; er muss sämtliche Vorwürfe prüfen. So will es das Gesetz. Das bedeutet Papierkram und jede Menge Bürokratie. Wirklich wichtige Fälle bleiben liegen, weil geschickte Anwälte den Staat für ihre Werbekampagnen einspannen. Dass ein Anwalt eigentlich ein »unabhängiges Organ der Rechtspflege« sein soll, wie es das Gesetz vorschreibt, zählt dabei wenig. Dabei bedeutet dieser Grundsatz doch, dass ein Anwalt nicht nur an seinen Gewinn denken sollte, sondern auch daran, dass der Justizapparat effektiv arbeiten kann. Für den Rechtsanwalt ist es billig, Richter und Staatsanwälte zu Marionetten seines Werbefeldzugs zu machen. Für uns alle ist es teuer, wenn ernst zu nehmende Gerichtsprozesse immer länger dauern.

Wer seinen Namen möglichst häufig auf die Titelseiten bringen will, achtet darauf nicht. Längst arbeiten Rechtsanwälte sogar mit PR-Agenturen zusammen. Eine Agentur aus Niedersachsen erklärte die Strafanzeige des von ihr betreuten Anwalts gegen Ron Sommer öffentlich zum gelungenen Werbecoup. »Neue Mandanten wurden auf ihn aufmerksam und bestehende Mandanten setzten weiterhin ihr Vertrauen in die Arbeit ihres Anwaltes«, bejubelt eine Agentur-Mitarbeiterin in einem Juristen-Magazin ihre Arbeit. »Auch wenn das Endergebnis auf sich warten lässt.« Als besonders hilfreich bei der Bearbeitung der zahlreichen Anfragen habe sich die Internetseite einer Aktionärs-Aktionsgemeinschaft erwiesen, die auf den Namen des Anwalts registriert ist. Dort befanden sich allerdings monatelang

– und zumindest noch bis zum Herbst 2002 – keine Hinweise zum Stand des Verfahrens, sondern lediglich ein Link zu zwei Kanzleien sowie folgender Hinweis: »Das Landgericht Bonn ist der Auffassung, diese Seite sei in ihrem Inhalt reißerisch und ausschließlich der aggressiven Mandantenwerbung dienlich.« Manchmal gibt es eben doch noch so etwas wie Gerechtigkeit.

Finanziellen Analphabeten, die sich von Vorständen betrogen fühlen und Entschädigung fordern, nützt eine Anzeige oft genug gar nichts. Wenn Staatsanwälte gegen Unternehmenslenker ermitteln, ist Strafrecht im Spiel. Wenn Aktionäre auf Schadenersatz klagen, gelten dagegen zivilrechtliche Regeln. Dieser Unterschied kann so bedeutend sein, dass er mit unserem gesunden Rechtsempfinden nichts mehr zu tun hat: Selbst wenn ein Topmanager einmal strafrechtlich verurteilt werden sollte, bedeutet das noch lange nicht, dass wir unser Geld wiedersehen. Das Bundesverfassungsgericht hat im Fall des Unternehmens Metabox klargestellt, dass sich getäuschte Aktionäre ausdrücklich nicht auf den Tatbestand des Kursbetruges stützen können, wenn sie Vorstände oder Aufsichtsräte auf Schadenersatz verklagen wollen.

Trotz Knast keine Kohle? Das kann passieren. Verantwortlich für diesen Widerspruch ist das deutsche Rechtssystem. Während das Strafrecht das Verhältnis des Staats zu seinen Bürgern regelt, bestimmt das Zivilrecht das Verhältnis der Menschen untereinander. Kurz gesagt: Wer gegen staatliche Regeln verstößt, muss eine Geldstrafe zahlen oder wandert ins Gefängnis. An mehr hat der Staat kein Interesse. Um Wiedergutmachung – also Schadenersatz – müssen wir uns selbst kümmern. Eine Verurteilung wegen Kursbetruges nützt uns da mitunter gar nichts. Diese Strafnorm soll nur den Kapitalmarkt insgesamt schützen und zum Beispiel sicherstellen, dass der Handel an der Börse funktioniert. Einzelne Anleger schützt diese Vorschrift nicht, da ist sich die Rechtsprechung weitgehend einig.

Für finanzielle Analphabeten sind juristische Argumentationsketten wie diese kaum nachzuvollziehen. Und deshalb haben wir auch keine Ahnung, wie schlecht unsere Chancen wirklich stehen.

Ein Fall für Robin Hood

Um erfolgreich neue Mandanten zu sammeln, ist gute Presse un-
erlässlich. Zu den wichtigsten Regeln der Profiteure des Unglücks
gehört: Nur wessen Name oft genug in der Zeitung auftaucht, an den
erinnern sich die Leser. Für Anwälte ist ein Image als Robin Hood
der Kleinanleger das Beste, was ihnen überhaupt passieren kann.
Wann immer ein Unternehmen wegen schlechter Zahlen oder ein
Vorstandsvorsitzender wegen fallender Aktienkurse angegriffen wird,
ein Rechtsanwalt taucht garantiert mit ein paar kritischen Zitaten
in der Presse auf. Das Ganze ist für beide Seiten ein gutes Geschäft:
Der Journalist hat ein paar reißerische Sätze für seinen Artikel
und der Anwalt steht als Freund und Helfer geprellter Anleger mit-
tendrin.

Ein Anwalt, der beispielsweise in der Zeitung wegen seines Engage-
ments gelobt wird, kann sich freuen. Besonders, wenn am Ende des
Artikels auch noch Anschrift, E-Mail-Adresse oder die Telefonnum-
mer der Kanzlei zu finden ist. Dann müssen interessierte Leser nicht
einmal mehr die Auskunft anrufen. Medien nennen so etwas Leser-
service. Es könnte genauso gut Mandantenbeschaffung heißen – so
geschehen in *Woche*, *Telebörse* und *Focus Money*.

Die Kanzlei Tilp & Kälberer aus Kirchentellinsfurt bei Tübingen hat
das besonders gut begriffen und veranstaltet gleich ganze Konferen-
zen zum Thema Anlegerschutz. So luden die Anwälte im Februar
2001 in ein Frankfurter Nobelhotel, um Journalisten ihre Reformvor-
schläge für den Neuen Markt zu unterbreiten und die Presse auf den
aktuellen Stand im Strafverfahren gegen EM.TV zu bringen. Rund
600 ehemalige Aktionäre des einstigen Börsenlieblings wurden
damals von Tilp & Kälberer vertreten. Auf der Konferenz reichten die
Anwälte dann unter anderem die Stellungnahme eines Wissenschaftlers herum, nach der Gerichte gar nicht mehr anders könnten, als enttäuschten Kleinanlegern Schadenersatz zuzusprechen. Über die vermeintlich großen Chancen der Kanzlei im Kampf gegen EM.TV
berichteten am nächsten Tag gleich mehrere große Medien. Ähnlich
lief es nach einer Veranstaltung Anfang 2003, als es gegen die Deutsche Telekom ging.

Die Krönung gelungener Öffentlichkeitsarbeit ist es, wenn Rechtsanwälte in Presseartikeln die Hauptrolle übernehmen. In einem Anle-

ger-Magazin war es gleich eine ganze Kanzlei. Schon am Anfang des mehrseitigen Berichts konnte man lesen, dass die Anwälte »14 Stunden am Tag« für enttäuschte Aktionäre arbeiten würden. Deren Briefe hätten schon 30 Aktenordner gefüllt, von 1 000 Mandanten war die Rede. In einem anderen Artikel lernten die Leser gleich in der ersten Zeile eine Anwältin kennen, die »eine Invasion« von Leuten erlebe, die gegen ein abgestürztes Unternehmen vom Neuen Markt klagen wollen. Natürlich helfe sie ihnen allen. Die meisten geprellten Anleger denken dann nur eines: Ist doch dumm, nicht mitzumachen, wo doch bereits alle Schicksalsgenossen dabei sind. Und schon schnappt die Falle zu.

Jäger und Sammler

Eine beliebte Methode, mit der deutsche Anwälte auf Gebührenjagd gehen, sind Sammelklagen in den Vereinigten Staaten. Immer mal wieder ist zu lesen, Anwälte würden Privatanleger aus München, Köln oder Hamburg bei einer Sammelklage in den USA vertreten – etwa gegen den Modehersteller Hugo Boss oder gegen die Softwarefirma Intershop. Die Kanzlei Rotter aus Grünwald bei München – laut Eigenwerbung die »Kanzlei für Wertpapieranleger« – benennt auf ihrer Internetseite im Sommer 2002 sogar 19 Fälle von Sammelklagen, die sich meist gegen Unternehmen der New Economy richten.

Auf den ersten Blick sind die aus dem US-Recht stammenden »class actions« die beste Methode, um von Unternehmen eine Menge Dollars zu bekommen. Das System des amerikanischen Schadenersatzes gilt als eines der teuersten der Welt. Jedes Jahr werden in den Vereinigten Staaten durchschnittlich 180 Milliarden US-Dollar Schadenersatz zugesprochen. Im Frühjahr 2003 wurde beispielsweise ein amerikanischer Zigarettenhersteller zur Zahlung von mehr als zehn Milliarden US-Dollar verurteilt.

Fälle wie dieser lassen unerfahrene Anleger glauben, dass mit Sammelklagen jedes Mal viel Geld zu holen ist. Deshalb lassen sie sich immer öfter auf ein juristisches Abenteuer in den Vereinigten Staaten ein. Für eine Sammelklage gegen ein deutsches Unternehmen reicht es aus, dass die Firma in den USA Geschäfte macht. So genügt es unter Umständen, dass sie eine kleine Filiale in einer dunklen Seitenstraße von New York betreibt oder ihre Produkte in einem Gemischt-warenladen irgendwo in Texas verkauft.

Von den Millionen, die die Opfer von Nikotin schon von amerikani-schen Gerichten zugesprochen bekommen haben, lassen sich finan-zielle Analphabeten schnell blenden. Dabei können US-Sammelkla-gen nach deutschem Verständnis krasse Ungerechtigkeiten produzie-ren.

Ein Beispiel: Nehmen wir an, drei Anleger, Herr Ahrends, Herr Behrends und Herr Müller, haben mit Aktien der Internetfirma I-Gitt AG viel Geld verloren, weil sie falschen Umsatzprognosen glaubten. Nun wollen sie es wiederhaben. Nach amerikanischem Recht würde der Fall in etwa so ablaufen: Herr Ahrends beschließt, die I-Gitt AG mit einer Sammelklage anzugreifen, damit es für das Unternehmen richtig teuer wird. Herr Behrends liest in der Zeitung von diesem Plan und schließt sich der Sammelklage an. Herr Müller dagegen ist gerade im Urlaub, wo er grundsätzlich keine Zeitung liest und auch den Fernseher ausgeschaltet lässt. Müller erfährt nichts von den Plä-nen der anderen Aktionäre und ist bei der Sammelklage deshalb nicht dabei. Später ergeht ein sensationelles Urteil und die I-Gitt AG muss tatsächlich Schadensersatz an das Kollektiv der klagenden Aktionäre zahlen. Müller hat doppeltes Pech: Erstens gehört er nicht zum Kol-lektiv und bekommt vom Geld der I-Gitt AG nichts ab. Zweitens kann er persönlich nicht noch einmal gegen die I-Gitt AG klagen, weil die Sammelklage alle weiteren Prozesse blockiert. Dasselbe gilt übrigens, wenn der Anwalt der Sammelkläger schlampig arbeitet, einen Fehler macht und deswegen den Prozess verliert. Beide Male ist das Unter-nehmen fein raus, weil es eine neue Klage mit demselben Vorwurf nie wieder fürchten muss.

Nach deutschem Recht sind Sammelklagen verboten. Das haben die Väter des Grundgesetzes indirekt in die Verfassung geschrieben – und das ist auch gut so. Niemandem soll der Weg vor die Gerichte ver-baut werden, nur weil ein anderer schon geklagt hat. Individualrechts-schutz heißt das im Juristendeutsch. Jeder klagt für sich. Auch Herr Müller. Selbst wenn er im Urlaub keine Zeitung gelesen hat.

Wer in den USA eine Sammelklage führt, muss trotzdem mit dem Schlimmsten rechnen. Auch wenn das Unternehmen zu einem Scha-denersatz von mehreren Millionen US-Dollar verurteilt wird. Der größte Teil der Summe bleibt bei den amerikanischen Anwälten und der Justizverwaltung hängen. Die Geschädigten sehen oft nur ein Fünftel der Summe – und selbst die wird noch unter all denen aufgeteilt, die bei der Sammelklage dabei waren.

Der Hintergrund: Amerikanische Rechtsanwälte arbeiten auf Erfolgsbasis. Gewinnen sie den Fall, kassieren sie bis zu 50 Prozent des Schadenersatzes als Honorar. Umgekehrt gehen sie leer aus, wenn sie den Prozess verlieren. Deswegen lohnt es sich für sie, hoch zu pokern und mindestens zweistellige Millionensummen zu fordern. In Deutschland wäre so etwas undenkbar. Ein Kläger, der hierzulande einen Prozess verliert, muss nicht nur die Gerichtskosten tragen und seinen eigenen Anwalt bezahlen, sondern auch noch den des Gegners. Und weil sämtliche Gebühren von der Höhe des Streitwerts abhängen, sollte es sich jeder Kläger zweimal überlegen, ob er ein Unternehmen einfach mal so auf ein paar Millionen Euro verklagt. Das kann ziemlich teuer werden.

»Das US-System eröffnet ein erhebliches Erpressungspotenzial und fragwürdige Einkommenschancen für skrupellose Anwälte«, schimpft der Hamburger Rechtsprofessor Michael Adams. Ein verklagtes Unternehmen wird lieber einen Vergleich schließen und freiwillig zahlen, statt einen langen Prozess durchzustehen, selbst wenn es diesen am Ende gewinnen könnte. Der Grund: Unabhängig vom Ausgang ist ein Verfahren für das Unternehmen unglaublich teuer.

Anders als der Anwalt der Sammelkläger, der nur bei Erfolg sein Honorar bekommt, bekommt der Verteidiger des verklagten Unternehmens in jedem Fall Honorar. Und das ist kein Taschengeld, denn US-Wirtschaftsanwälte nehmen Stundenhonorare bis zu 600 US-Dollar. Plus Spesen. Schon lange bevor der eigentliche Prozess im Gerichtssaal beginnt, müssen sie eine Verteidigungsstrategie vorbereiten. Und das bedeutet Arbeit: Zeugen suchen und befragen, Akten wälzen und Präzedenzurteile ausgraben, Gutachten schreiben und vieles mehr. Die meisten Unternehmen beschäftigen gleich eine ganze Horde von Verteidigern, und das monatelang. Das Fatale: Nicht einmal das gibt ihnen die Sicherheit, am Ende tatsächlich zu gewinnen. Denn das letzte Wort haben die Geschworenen, eine Laien-Jury, die nicht selten aus dem Bauch heraus entscheidet. Ein juristisch korrektes Urteil wird auf diese Weise zur Glückssache.

Weil die Anwälte der Sammelkläger das ganz genau wissen, werden sie ihren Gegnern so viel Arbeit wie möglich machen. Ihr Kalkül:

Irgendwann macht das Unternehmen von sich aus einen Rückzieher und schlägt vor, die Sache anderweitig aus der Welt zu schaffen. Man schließt einen Vergleich mit einer Summe, die irgendwo in der Mitte liegt. Nicht so viel wie anfangs gefordert, aber immerhin. Das läuft fast immer so. Wissenschaftler haben herausgefunden, dass die meisten Sammelklagen mit einem Vergleich enden. Das Unternehmen zahlt, das Geld wird verteilt – auf die amerikanischen Anwälte, die Justiz und die einzelnen Sammelkläger. Pech, wenn diese Deutsche sind. Dann will auch der deutsche Anwalt noch seinen Teil haben; üblich sind bis zu zehn Prozent der Summe, die der Einzelne eingeklagt hat.

Von den geforderten Millionen bleibt den klagenden Anlegern am Ende bestenfalls eine Hand voll Dollar. Viele haben viel verdient. Sie nicht.

Herr Doktor kann nicht helfen

Natürlich gibt es unter Juristen nicht nur Schaumschläger, sondern auch gute und ehrliche Anwälte, die sich mit ganzer Kraft und viel Talent erfolgreich für ihre Mandanten einsetzen. Und die auch offen und ehrlich von einer Klage abraten, wenn sie zwecklos ist. Das Problem ist nur: Wie findet ein finanzieller Analphabet so einen Anwalt?

Der erste Schritt ist, nicht auf Effekthascherei hereinzufallen. Also keinen Anwalt zu beauftragen, dessen Name oft in der Zeitung steht und der ständig im Fernsehen auftritt. Er verbringt möglicherweise mehr Zeit auf Pressekonferenzen und mit der Entwicklung neuer Werbestrategien als damit, seine Fälle ordentlich vorzubereiten. »Häufig stehen juristische Begabung und kaufmännische Fähigkeiten im umgekehrten Verhältnis«, sagt der renommierte Rechtsprofessor Uwe Wesel. Wer viel herumwirbelt, große Töne spuckt und massenhaft Aufträge bekommt, ist oft der schlechtere Jurist. »Die guten halten sich zurück«, sagt Wesel. »Und das ist ein Risiko.«

Der zweite Schritt, um einen guten Anwalt zu finden, ist kaum einfacher als der erste. Ein Blick in die Gelben Seiten belegt regelmäßig nur, dass die Anwaltsschwemme tatsächlich existiert. Es gibt einfach zu viele Namen in der Rubrik »Rechtsanwalt«. Natürlich ist es möglich, eine der zahlreichen Hotlines anzurufen und sich einen Anwalt in der Nähe empfehlen zu lassen. Für Qualität bürgt das nicht. Diese Hotlines funktionieren nämlich so: Anwälte lassen sich dort registrieren. Kommen bei einer Anfrage zu viele Anwälte in Betracht, wird nach dem Zufallsprinzip ausgewählt. Im Telefonbuch blindlings mit dem Finger auf einen Namen zu tippen, verspricht in etwa den gleichen Erfolg.

Qualitätssiegel sind rar unter der Anwaltschaft. Von einem Doktortitel sollte man sich nicht blenden lassen, denn er sagt nichts über die Kompetenz eines Anwalts aus. Allenfalls darüber, ob er in der Lage ist, wissenschaftlich zu arbeiten. Aber: Suchen Sie einen Bücherwurm oder einen geschickten Prozessanwalt? Wer die abseitigsten Theorien in der Rechtswissenschaft kennt, bekommt vor Gericht oft keinen geraden Satz heraus oder ist ein schlechter Taktiker. Und das bringt Ihnen gar nichts.

Ebenso wenig nützt es, wenn ein Anwalt »Interessenschwerpunkte« angibt. Um solche Schwerpunke nennen zu dürfen – zum Beispiel in den Gelben Seiten oder auf der Visitenkarte –, müssen die Juristen lediglich nachweisen, dass sie besondere Kenntnisse auf dem Gebiet erlangt haben, für das sie sich interessieren. Das kann während des Studium passiert sein, im Laufe ihres Berufslebens oder anderweitig. Dass ein Anwalt mit Interessenschwerpunkt auch nur einen einzigen relevanten Rechtsstreit bearbeitet, geschweige denn einen Prozess gewonnen hat, wird nicht vorausgesetzt. Sinnvoller ist es dagegen, auf das Stichwort »Tätigkeitsschwerpunkt« zu achten. Die gesetzlichen Voraussetzungen, unter denen ein Anwalt diese angeben darf, sind etwas strenger als beim »Interessenschwerpunkt«: So muss der Jurist immerhin seit seiner Zulassung mindestens zwei Jahre in diesem Fachgebiet gearbeitet haben – und zwar »in erheblichem Umfang«, wie es das Berufsrecht verlangt.

Am strengsten sind die Regeln für Fachanwälte. Diese Bezeichnung ist bislang die einzige, die zuverlässig für eine Spezialisierung bürgt – und damit auch für ein bisschen Qualität. Bis ein Jurist sich Fachanwalt nennen kann, muss er an einem ausführlichen Lehrgang teilgenommen und mindestens drei Jahre gearbeitet haben. Außerdem muss er nachweisen, eine bestimmte Anzahl von Fällen bearbeitet und Prozesse geführt zu haben.

Immerhin 14 Prozent aller zugelassenen Anwälte sind heutzutage Fachanwälte. Leider nützen die Rechtsgebiete, auf denen sie sich tummeln, uns finanziellen Analphabeten nur wenig. Die meisten dieser Spezialisten arbeiten im Steuer-, Familien- und Arbeitsrecht, haben also von Prospekthaftung, Kursbetrug und Emissionsschwindel auch keine Ahnung. Anfang 2003 wurde der Weg frei gemacht für einen Fachanwalt im Versicherungsrecht, aber frühestens 2004 dürften die ersten Anwälte so weit sein. Wenigstens die Opfer von Versicherungsunternehmen können hoffen.

Für die Opfer von Banken und Börse sieht es dagegen schlecht aus. Worauf sie sich noch am ehesten verlassen können, ist klassische Mund-zu-Mund-Propaganda. Vielleicht finden Betroffene ja jemanden, dem es genauso geht und dem kompetent geholfen wurde. Denn eine Ausbildung zum Fachanwalt für Kapitalanlagerecht oder etwas Vergleichbarem ist derzeit nicht geplant. Dabei wäre sie dringend notwendig: Weil der Umgang mit Geld immer wichtiger wird, haben wir alle immer mehr mit Banken, Börsenmaklern und Finanzberatern zu tun. Damit steigt auch die Zahl der Streitfälle. Gut, wenn es dann Anwälte gibt, die sich auskennen. Und die auf unserer Seite stehen.

Kapitel 5
Die schweigende Gesellschaft

Warum Geld kein Thema ist
– nicht einmal in der Familie

In guten Jahren bringt Wolfgang Mahler (Name geändert) Millionen nach Hause. Siebenstellig, sagt er, ist sein Einkommen, wenn die Firma große Geschäfte gemacht hat. Die Firma, das ist ein mittelständischer Bauzulieferer aus Süddeutschland, 350 Mitarbeiter, mehr als 100 Millionen Euro Umsatz. Seit zehn Jahren schon leitet Mahler das Unternehmen; er hat auch die schlechten Zeiten erlebt, als die Aufträge ausblieben und Mitarbeiter gehen mussten. Damals hatte der Chef keine Millionen. Nur Schulden. Geblieben aber ist ihm bis heute ein Problem: Über seine finanzielle Lage kann Mahler zu Hause mit den Kindern nicht reden. »Ich mache nur Andeutungen«, sagt er. »Sage ich Ihnen, dass wir Schulden haben, würde sie das nur belasten. Sage ich, wie viel ich genau verdiene, erzählen sie es ihren Freunden; die erzählen es den Eltern, und dann weiß es bald die ganze Stadt.«

Wolfgang Mahler hat sich hochgearbeitet. Damals, am Ende des Kriegs, flüchteten seine Eltern aus dem Sudetenland, und als sie im Westen ankamen, war ihnen fast nichts geblieben. Zu Hause, erzählt Mahler heute, wurde häufig vom Sparen gesprochen und noch häufiger von materiellem Wohlstand geträumt. Geld war wichtig. Denn Geld versprach den Vertriebenen gesellschaftliche Akzeptanz. Mahler hat drei Kinder: Der Sohn ist 17, die Töchter sind 12 und 16 Jahre alt. »Natürlich ist es wichtig, mit Ihnen über Geld zu sprechen«, sagt der Vater. Aber wie?

Im Februar 2003 veröffentlichte die Verbraucherzentrale Nordrhein-Westfalen einen spektakulären Test. Die Verbraucherschützer hatten 28 Banken und Sparkassen geprüft, und was sie herausfanden, bestätigte die schlimmsten Befürchtungen: »Viele Banken und Sparkassen fördern die Verschuldung junger Leute«, hieß es. Gerade Berufsanfängern wurden viel zu hohe Kredite gewährt, die diese nur mühsam oder gar nicht zurückzahlen konnten. Durchschnittlich

12 500 Euro verliehen die Geldhäuser, und das an junge Menschen, die nur 1 300 Euro im Monat verdienten und gerade mal ein Vermögen von 2 000 Euro auf dem Sparbuch hatten. Warum die jungen Kunden so viel Geld brauchten, ist klar: Es ging um das erste eigene Auto, um einen Schrank und ein Bett und einen Tisch für die erste eigene Wohnung. Natürlich mögen die Kredite unverhältnismäßig hoch gewesen sein – und wegen der hohen Raten waren die Berufsanfänger auch unverhältnismäßig stark belastet. Warum aber regten sich die Verbraucherschützer so auf? Immerhin waren die Bankkunden zwar jung, aber keine kleinen Kinder mehr. Sie waren volljährig.

Vor allzu viel Wehklagen und Jammern hat der Gesetzgeber eine Zahl gesetzt: 18. Ab 18 darf man wählen und Auto fahren, man darf hochprozentigen Schnaps kaufen und einen Vertrag unterschreiben, ohne vorher die Eltern zu fragen. Und: Man darf sich verschulden. Wer 18 ist, gilt als erwachsen, und Erwachsene sollten in der Lage sein, selbst zu beurteilen, ob das was sie tun, auch richtig ist. Sie sollten selbst für sich verantwortlich sein können. Und nicht auf ihre Eltern verweisen. Oder auf den Staat.

Wenn junge Erwachsene offensichtlich nicht mit Geld umgehen können – und nichts anderes haben die Verbraucherschützer aus Nordrhein-Westfalen herausgefunden –, dann zeigt das vor allem, dass ihre Eltern etwas falsch machen. Dass diese Eltern ihrer Verantwortung nicht nachkommen. Und dass sie ihre Kinder falsch aufs Leben vorbereiten.

Angenommen ein 18-Jähriger, der offiziell Schnaps kaufen darf, fängt an, sich sinnlos zu besaufen. Immer und immer wieder. Wen würden wir zur Verantwortung ziehen? Den Staat? Den Schnapsverkäufer? Oder nicht doch die Eltern, die ihrem Sohn den maßvollen Umgang mit Alkohol einfach nicht beigebracht haben? Die entscheidende Frage beim Umgang mit Geld ist doch die: Wie gut bereiten Familien ihre Kinder auf deren Eigenverantwortung vor?

Bloß keine Schwäche zeigen

Weil Geld ein Tabuthema ist, können sich finanzielle Analphabeten auch gegenseitig nicht helfen. Über Geld spricht man nicht einmal in der Familie: Nur die wenigsten wissen, was ihre Eltern genau verdienen oder wie sie ihr Vermögen aufgebaut und angelegt haben. Auch auf Partys ist der Umgang mit Geld – anders als Autos, Fußball und Urlaub – kein Thema. Es sei denn, man kokettiert mit Börsenverlusten. Aber die Details der Lebensversicherung? Oder des Bausparvertrags? So etwas passt nicht zu Kanapees.

Den meisten Menschen ist es ganz einfach unangenehm, wenn sie zugeben müssen, von Geld keine Ahnung zu haben. Niemand gesteht gern Schwächen ein, niemand gibt zu, seine Finanzen nicht im Griff zu haben. Gerade bei Geld wollen die Menschen schließlich einen bestimmten gesellschaftlichen Status verkörpern. Über Geld spricht man nicht, Geld hat man – und alle Welt soll sehen, dass man mit Geld umgehen kann, weil man aus wenig Geld viel gemacht hat. Am besten so viel, dass man selbst Börsenverluste locker wegstecken kann. Allerdings: Bei den meisten Menschen bleibt diese Rolle eben doch nur eine Wunschvorstellung. Instinktiv merken wir, dass wir beim Umgang mit Geld versagen. Es offen auszusprechen, wagen wir nicht.

Stattdessen albern wir herum. »Im Rechnen war ich immer schon schlecht«, sagen wir dann. Oder: »Das Abi habe ich nur deshalb geschafft, weil ich in Mathe so viel abschreiben konnte.« Und darauf sind wir auch noch stolz. Glaubt man den Geschichten, die auf deutschen Partys erzählt werden, dann muss das schlimmste Schulfach Mathematik gewesen sein. Dass der Umgang mit Geld zwar einiges mit Rechnen, aber viel mehr noch mit Kritikfähigkeit und Selbstständigkeit zu tun hat, merken wir nicht.

Doch genau an dieser empfindlichen Stelle setzt die Taktik der Strukturvertriebe an. Die professionellen Finanzvermittler besuchen uns zu Hause, sie setzen sich in unser Wohnzimmer, und sie machen uns allen Ernstes weis, binnen einer Stunde unsere Finanzen so zu durchleuchten, dass wir nur noch diese Versicherung brauchen oder jenen Investmentfonds, dann sei alles schon optimal organisiert. Rechnen? Muss man nicht können. Sich Gedanken machen? Braucht man nicht, das macht ja der Vermittler. Durchblicken? Ist auch nicht nötig, ein paar Unterschriften sind viel wichtiger. Der Vertriebsprofi im Wohnzimmer stellt keine unangenehmen Fragen, die wir sowieso nicht beantworten wollen. Dass wir in den meisten Fällen dann alles andere als optimal organisierte Finanzen haben, ist eben Pech.

Falsch.

Pech ist es, wenn man vom Umgang mit Geld keine Ahnung hat. Pech ist es erst recht, wenn man vom Umgang mit Geld deswegen keine Ahnung hat, weil zu Hause nie über Geld gesprochen wurde. Pech ist es jedoch nicht, wenn genau das auf die meisten Deutschen zutrifft. Das ist dramatisch.

Methoden von gestern

Es ist nun nicht so, dass in den Familien der alltägliche Umgang mit Geld überhaupt keine Rolle spielt. Im Gegenteil: Viele Eltern nehmen ihre Kinder zum Einkaufen mit oder schicken sie allein zum Bäcker, damit sie lernen, dass ein Brötchen für 15 Cent günstig ist und ein halbes Pfund Butter für zwei Euro sehr teuer. Aber niemand schickt sein Kind auf die Bank zum Geldanlegen, niemand bringt ihm bei, wie man sich richtig versichert. »Da Geld in vielen Familien ein Tabuthema ist, fehlen häufig die Offenheit und Bereitschaft, die Familienfinanzen auf den Tisch zu legen und das Haushaltsbudget zu diskutieren«, sagt die Münchener Wissenschaftlerin Tatjana Rosendorfer. Wie viel der Vater und die Mutter verdienen und wie sie ihr Geld anlegen, geht die Kinder einfach nichts an. Häufig, so Rosendorfer, wollten die Eltern eben nicht, dass der Sohn oder die Tochter »finanzielle Interna der Familie bei Freunden ausplaudert«. Für Deutsche undenkbar: In Schweden darf jeder bei den Steuerbehörden das Gehalt des Nachbarn erfragen.

So funktioniert die Gelderziehung in Deutschland nach einem simplen Muster. Entweder wird gar nicht über Geld gesprochen, weil ja genug da ist. Oder es wird über Geld gesprochen, weil es an allen Ecken fehlt. Immer aber geht es um bohrende Kinderfragen und um Konsum. Warum gibt es kein Geld für ein neues Fahrrad? Warum haben die Schulfreunde viel mehr Computerspiele und immer die neuesten Fußballschuhe? Warum tragen nur die anderen teure Jeans von Calvin Klein und Pullover von Tommy Hilfiger? Wenn die Eltern genug Geld haben, ersparen sie sich die Antworten und kaufen sich frei – sie kaufen die Schuhe, die Jeans, die Computerspiele.

Wenn die Eltern nicht so viel Geld haben, haben sie zwei Möglichkeiten. Entweder scheuen sie die Erziehung – genauer: den Konflikt mit den Kindern – und verzichten lieber selbst auf etwas, anstatt ihrem Nachwuchs beizubringen, wie der Umgang mit Geld funktioniert. Oder sie sprechen mit den Kindern über ihre Geldsorgen. Es klingt fast paradox, ist aber wahr: Ausgerechnet in Familien mit wenig Geld wird häufiger über Geld gesprochen. Weil die Eltern viel häufiger erklären müssen, warum schon wieder kein Geld für neue Schuhe, Jeans oder Computerspiele da ist.

Vielfach ist die Gelderziehung von den Werten geprägt, die die heutigen Eltern selbst einmal von ihren Eltern vermittelt bekommen haben. Dann bekommen die Kinder gesagt, dass sie morgens nicht so viel Butter auf ihr Brötchen schmieren sollen, weil Butter teuer ist, und dass auch eine Scheibe Wurst reicht und nicht zwei davon auf eine Brötchenhälfte müssen. Sie bekommen zur Konfirmation einen Bausparvertrag geschenkt oder ein Sparbuch, weil auch die Eltern einen Bausparvertrag hatten oder ein Sparbuch. Dass die Eltern im Grunde nie verstanden haben, wie der Bausparvertrag funktioniert, darüber wird nicht nachgedacht. Bloß gelten mittlerweile ganz andere Regeln: Finanzielle Kenntnisse sind kein Luxus mehr, sondern überlebenswichtig. Wenn sich das gesellschaftliche Umfeld ändert und Eigenverantwortung zählt, dürfen Eltern ihre Kinder nicht mit den Methoden von gestern erziehen.

Beim Thema Finanzen drücken sich die meisten Eltern davor, konkret zu werden. Das Taschengeld mag da die Ausnahme sein, schließlich wird am Abendbrottisch noch um jeden Cent gefeilscht, den der Sohn oder die Tochter mehr haben will. Ansonsten werden die Kinder mit Banalitäten abgespeist: Gib nicht alles auf einmal aus, telefonier nicht so viel, eine Kugel Eis reicht auch, muss der teure Urlaub wirklich sein? Dabei geht es beim Umgang mit Geld um viel mehr: Es geht darum, welche Fragen man dem Bankberater stellen muss. Wie man reagiert, wenn ein Freund einen tollen Anlagetipp hat. Wie man die Steuererklärung macht. Und was es heißt, einen Kredit nicht nur zu bekommen, sondern ihn auch wieder zurückzahlen zu müssen.

Deutschlands Teenager haben heute mehr Geld als jede Generation vor ihnen. Nach Berechnungen des Instituts der deutschen Wirtschaft verfügen sie über eine jährliche Kaufkraft von insgesamt 7,5 Milliarden Euro. Allein 2,3 Milliarden Euro macht dabei das Taschengeld der Eltern aus. Deutschlands Teenager sind so reich wie nie – und so überfordert wie nie.

Die Revolution findet nicht statt

Immer mehr junge Menschen können heute nicht kochen. Sie können keinen Kartoffelbrei stampfen, keinen Fisch ausnehmen, kein Salatdressing anrühren. Nicht einmal die Tomatensauce für die Nudeln würden sie hinbekommen, und deshalb lassen sie es gleich bleiben. Wozu auch? Es gibt ja Fertigkost. So haben sie es zu Hause gelernt: Packung aus der Tiefkühltruhe nehmen, aufreißen, Inhalt aufs Backblech oder in die Mikrowelle, ein paar Minuten warten, fertig. Wer dagegen gern kocht, wer sich ein paar Freunde einlädt und dann gemeinsam Gemüse schnippelt und Zwiebeln brät, hat es in der Regel zu Hause ebenfalls nicht anders gesehen. Mit anderen Worten: Vieles von dem, was wir wissen und können, haben wir uns bei unseren Eltern abgeschaut.

Beim Thema Geld funktioniert das nur zum Teil. Irgendwann fragen die Kinder zum Beispiel, warum denn das Geld aus dem Automaten an der Hauswand kommt und wer es dort hineinsteckt. Und irgendwann verstehen sie auch, dass die Eltern erst Geld verdienen müssen, damit aus dem Automaten bunte Scheine kommen, und dass die Eltern deswegen jeden Tag zur Arbeit gehen. Dass zum Umgang mit Geld aber weit mehr gehört, als nur Geld zu verdienen und es auszugeben, erfahren diese Kinder nicht. Weil es sich um abstrakte Dinge handelt, die sie nicht mit eigenen Augen sehen und deshalb auch nicht nachahmen können. Welches Kind kommt schon auf die Idee, seine Eltern zu fragen, wovon sie im Alter wohl leben werden? Oder wie sie ihr Haus finanziert haben? So werden die Kinder von heute die finanziellen Analphabeten von morgen sein. Weil ihre Eltern nicht verstanden haben, dass finanzielle Bildung aktiv vermittelt werden muss. Ganz egal, wie unangenehm das sein mag.

Bei einem anderen unangenehmen Thema funktioniert es ja auch. Wenn es um die sexuelle Aufklärung des eigenen Kindes geht, zerbrechen sich die meisten Eltern schon früh den Kopf: Was sag ich ihm? Wie sag ich es ihm? Schenke ich ein Buch mit bunten Bildern oder fange ich einfach an zu erzählen? Es ist das Verdienst der sexuellen Revolution, dass in deutschen Familien heute viel offener als früher über Verhütung und Schwangerschaft gesprochen wird. Die finanzielle Revolution dagegen ist bislang ausgeblieben.

»Der Umgang mit Geld ist eine wichtige Alltagskompetenz, die jeder lernen muss«, mahnt Wissenschaftlerin Tatjana Rosendorfer. »Genau wie die Zubereitung von Mahlzeiten oder das Organisieren des eigenen Lebens.« Dabei ist es wichtig, dass Kinder so früh wie möglich den Umgang mit Geld lernen, heißt es in einer Studie der britischen Finanzaufsicht FSA (Financial Services Authority). Wenn sie die grundlegenden Zusammenhänge kennen, fällt es ihnen später leichter, die richtigen Entscheidungen zu treffen. Hinzu kommt, dass finanzielle Kenntnisse immer wichtiger werden: häufige Jobwechsel, unterschiedliche Arbeitsverträge mit unterschiedlichen Leistungen, die größere Bedeutung der betrieblichen Altersvorsorge – all das macht finanzielle Bildung notwendig. Gut, wenn man sie hat.

Aber wer bringt den Eltern die richtige Gelderziehung bei? Schlaue Bücher gibt es viele, nur beschränken auch die sich meist auf die Frage, wie viel Taschengeld die Kinder bekommen sollen. *Zehn Gespräche, die Sie mit Ihrem Kind führen sollten* heißt so ein Buch, und darin geht es zum Beispiel um Liebe und Gewalt, Solidarität und Respekt. Alles wichtige Themen, sicher. Aber die meisten schlauen Bücher sind für Eltern gedacht, deren Kinder auf der Geburtstagstorte weniger als zehn Kerzen ausblasen müssen. Eine wirkliche Hilfe für finanzielle Analphabeten sind sie nicht.

Natürlich gibt es Volkshochschulen und Abendkurse, die Erwachsene besuchen können. Dort bekommen sie wenigstens ein paar finanzielle Grundkenntnisse mit auf dem Weg, auf dass sie ihren Kindern mehr beibringen, als ihnen von den eigenen Eltern beigebracht worden ist. Nur gibt es auch hier ein Problem: Niemand geht hin. »Die wenigsten sind sich überhaupt bewusst, dass sie Nachhilfe in Sachen Finanzen nötig haben«, sagt Rosendorfer. Wahrscheinlich muss man die Menschen schon mit Freibier locken, damit sie zu so einer Veranstaltung kommen. Allerdings bräuchte man wohl mehr Bier, als in Deutschland überhaupt gebraut wird.

Wenn es so schwer ist, die Eltern von heute zu erreichen, bleibt nur ein Ausweg – die Eltern von morgen zu bilden. Sie erreicht man über die Schule, in der sie die Kinder von heute sind. Aber die Kinder von gestern? Die Generation der heute 25- bis 40-Jährigen? Sie sind die verlorenen Kinder. Eine verlorene Generation.

Die verlorene Generation

Es gab einmal eine Generation, die sich gegen alles auflehnte, was für sie »das System« verkörperte: die 68er. Sie protestierten gegen das Establishment und den Muff unter den Talaren; sie demonstrierten gegen alte Erziehungsmethoden in der Familie und alte Nazis an der Spitze der Gesellschaft; sie rebellierten gegen alles Bürgerliche, Muffige, Spießige. Die Stars dieser Generation hießen Rudi Dutschke, Rainer Langhans und Alice Schwarzer, ihre Botschaft waren Freiheit, Freizügigkeit und Emanzipation. Und das war auch gut so.

Weniger gut war, dass die 68er zwar gegen den Staat auf die Straße gingen, es sich über die Jahre hinweg aber dann sehr bequem machten, in der kuscheligen Umgebung, die ihnen dieser Staat bot. Die 68er begehrten gegen alles und jeden auf – bloß nicht gegen das soziale Sicherungssystem. Das versprach ja auch dicke Renten. Heute, da die ersten 68er in Ruhestand gehen, profitieren sie davon; ihre Rente ist sicher. Die ihrer Kinder ist es nicht.

Die 68er haben ignoriert, dass arbeitende Frauen weniger Kinder bekommen. Und dass weniger Kinder das traditionelle Umlageverfahren der Rentenversicherung zum Kippen bringen, weil immer weniger Junge immer mehr Alte finanzieren müssen. Sie haben nicht bedacht, dass man ein gesetzliches Rentensystem auch grundlegend reformieren kann, anstatt immer nur an der Rentenformel herumzubasteln. Und sie haben dabei versagt, ihre Kinder auf eine Welt vorzubereiten, in der Eigenverantwortung alles und staatlicher Schutz fast nichts bedeutet.

Mehr als zwölf Billionen US-Dollar haben sich an den Börsen weltweit in Luft aufgelöst; allein in Deutschland haben die Anleger mehr als eine Billion Euro verloren. Der unglaubliche Absturz der Aktienmärkte hat nicht nur den Mythos beseitigt, an der Börse könnten ganz viele ganz schnell ganz reich werden. Er hat auch dafür gesorgt, dass einige Kinder der 68er auf riesigen Schulden sitzen. Heute darf die Generation Golf froh sein, wenn sie sich einen gebrauchten Opel leisten kann.

Ende der Neunziger war das noch ganz anders. Da wähnten sich die Kinder der 68er im Paradies. Ihre Großväter hatten noch im Krieg gekämpft, ihre Großmütter hatten Steine geschleppt, als es nichts mehr zu kämpfen gab, aber vieles wieder aufzubauen. Ihre Eltern hatten erst revoltiert und es sich dann im System gemütlich gemacht. Und irgendwie waren alle immer wohlhabender geworden; irgendwo tauchte immer eine neue Verdienstmöglichkeit auf, irgendwer fuhr immer ein größeres Auto. Die Deutschen waren reich. Und die Generation Golf erhob Geld zum Lebensgefühl.

In seinem gleichnamigen Buch beschreibt Florian Illies eine Generation, die sich eher am Neuen Markt verwirklichte als auf deutschen Kirchentagen, wie es noch die Eltern taten. Die am liebsten Aktien von EM.TV kaufte oder von Intershop, also Aktien, bei denen man wusste, »dass die Chefs selbst vollwertige Mitglieder der eigenen Generation sind – und somit profitträchtig«. Die Eltern der Generation Golf hatten mit dem Gesetz ein Problem, weil sie jene ablehnten, die das Gesetz repräsentierten. Das größte Problem der Generation Golf war »der Umstand, dass man Spekulationsgewinne an der Börse versteuern muss«.

Ihre Stars waren Loretta Würtenberger, Karl-Matthäus Schmidt oder Paulus Neef – junge, coole Aufsteiger, die mit ihren Firmen riesige Gewinne machten. Die Unternehmen der Generation Golf hießen Razorfish, Pixelpark oder Popnet – junge, coole Namen, die für riesigen Spaß standen. Und das Leben machte ja Spaß. Auch der Umgang mit Geld war gar nicht so schwierig: Es gab ja genug. Statt über günstige Preise im Schlussverkauf sprach man jetzt über Schnäppchen an der Börse. Und die erste Frage auf Partys war nicht mehr: Hast du diese Frisur neu?, sondern: Bist du bei der neuesten Neuemission dabei?

Weil es so einfach war, aus Geld noch mehr Geld zu machen, lebte die Generation Golf ein Leben auf Pump: Man kaufte Aktien auf Kredit, weil es sich so noch viel schneller reich werden ließ. Man kaufte eine Wohnung auf Kredit, weil es dank der üppigen Aktiengewinne kein Problem sein sollte, schon bald wieder schuldenfrei zu sein. Und man lieh sich Geld für ein großes Auto, weil es zwar cool war, der Generation Golf anzugehören, aber noch viel cooler, im neuen Job mit einem neuen Porsche vorzufahren.

Aus und vorbei.

Wer jetzt keinen Job mehr hat, hat auch keinen Porsche mehr. Wohnt längst wieder zu Miete. Und darf von Aktiengewinnen nur träumen.

Die Generation Golf ist dort angekommen, wo sie Mitte der neunziger Jahre losfahren durfte: in einem gesellschaftlichen Umfeld, das geprägt ist von weniger Staat und mehr finanzieller Eigenverantwortung – nur ist inzwischen jedem klar geworden, dass finanzielle Eigenverantwortung eben doch etwas anderes ist, als nur das zu tun, was die anderen tun. Und wer jetzt auf seinen Kreditschulden sitzt, hat sowieso verloren. Der finanzielle Totalschaden, den einige Vollgas-Anleger der Generation Golf erlebten, mag bis zur Rente vielleicht gerade so ausgebeult sein. Von Altersvorsorge oder Sparen oder Etwas-zur-Seite-Legen kann aber keine Rede sein. Die Schuldner von heute sind die Verlierer von morgen: Ihnen fehlt dann das finanzielle Polster für den Ruhestand.

Eine Hütte aus Holz

Wenn Anne Donath im Haus abends Licht braucht, greift sie in eine Schublade. Da liegen die Streichhölzer und die Kerzen. Wenn sie im Sommer etwas kochen möchte, geht sie vor die Tür. Dort ist die Feuerstelle, drei große Steine, auf denen der Topf steht; keine fünf Meter weiter haben die Nachbarn ihren Garten. Wenn sie in ihrem Haus vom Schlafzimmer ins Wohnzimmer will und von dort in die Küche, muss sie sich bloß einmal drehen. Es gibt nur ein Zimmer.

Das Haus ist aus Holz und eher eine Hütte, vier Schritte lang, vier Schritte breit. Es hat zwar moderne Dachziegel, wie sie der Bebauungsplan für diese Gegend vorsieht, doch so zu hausen ist im Lebensplan der Menschen nicht vorgesehen. Die Menschen hier leben in Massivbauhäusern und fahren Mercedes. Sie haben große Gärten und sie mähen samstags den Rasen; sie haben Vermögen und schauen abends im Fernsehen *Wer wird Millionär?*. Anne Donaths Leben aber ist geprägt vom Nicht-Haben. Kein Strom. Kein Telefon. Kein Gas. Und erst recht kein Auto.

So wohnt Anne Donath. Mitten in einer Einfamilienhaus-Siedlung. Mitten in einem oberschwäbischen Dorf. Und auf einmal auch mitten in einer gesellschaftlichen Debatte, die vor allem von einem Wort geprägt ist: Verzicht.

Nur jeder Achte, heißt es im *Vorsorgereport* der Bertelsmann-Stiftung, hat sich schon einmal Gedanken gemacht, wie viel Geld er im Ruhestand eigentlich braucht. Anne Donath hat nachgedacht. Sie hat sich überlegt, was sie zum Leben wirklich braucht und wie viel sie das kostet. Vor zehn Jahren nahm sie einen Kredit auf und kaufte sich dafür ein Grundstück, sie setzte ihr Blockhaus drauf und zahlte peu à peu den Kredit zurück. Heute lebt sie von 370 Euro im Monat, dafür geht sie arbeiten. »Ich habe«, sagt die 54-Jährige, »meine Lebensumstände vereinfacht.«

Anne Donath lebt ohne Luxus. Freiwillig. Finanzielle Analphabeten, die falsch vorsorgen und falschen Freunden vertrauen, werden diese Wahl nicht haben.

Es ist ein extremes Bild, das diese Frau den Menschen bietet, wie bei einem Zerrspiegel, in den man hineinschaut und nichts Vertrautes sieht. Zu sehen ist nur Sonderbares, was auf die meisten Menschen erst einmal abschreckend wirkt. So eine liegt uns auf der Tasche; wenn das alle machen würden, wäre unsere Wirtschaft bald am Ende, sagen die einen im Ort. Es ist gut, dass sie arbeitet, sagen die anderen; dort kann sie ab und zu mal duschen und ein warmes Essen bekommt sie auch.

Bad Schussenried, auf halber Strecke zwischen Biberach und Bodensee. »Barock, Bier und Betonmischer«, sagt der Bürgermeister, so lasse sich seine Stadt ganz gut beschreiben. 8 500 Einwohner, ein altes Kloster mit spätbarockem Bibliothekssaal, eine Brauerei mit Biermuseum; draußen vor der Stadt baut die Firma Liebherr mit 500 Beschäftigten Betonmischer für die Welt. Im Büro des Bürgermeisters hängt das historische Stadtwappen, daneben leidet Jesus am Kreuz. Georg Beetz trägt Rollkragenpulli statt Krawatte und eine rahmenlose Brille, Modell Jürgen Schrempp. Er ist so etwas wie der Moderator des Strukturwandels, den jede Kleinstadt durchmachen muss. »Manche hier haben Angst vor den Veränderungen«, sagt er. An der Hauptstraße von Bad Schussenried entdeckt man noch immer die Informationstafeln der Vereine, der »Liederkranz 1859 e.V.« lädt zur Jahreshauptversammlung in den »Wilden Mann«. Am Stadtrand zieht Aldi einen großen Supermarkt hoch, das Hotel am anderen Ende von Bad Schussenried heißt »Amerika«.

Am Anfang haben Anne Donath wohl alle für verrückt gehalten. Das passt zu einer Gesellschaft, die selbst nicht mit Geld umgehen kann, aber mit dem Finger verächtlich auf Menschen zeigt, die freiwillig auf Geld verzichten. Im Ortsteil Steinhausen wollte Anne Donath bauen. Eine Einsiedlerin gehört in den Wald, haben die Dorfbewohner gedacht, doch im Wald darf man in Deutschland nichts bauen, nicht einmal ein Blockhaus. Der Ortschaftsrat verweigerte die Baugenehmigung. Dann gab das Kreisbauamt die Freigabe. »Da sollte man ein Streichholz dranhalten«, sagte ein aufgebrachter Bürger, als sich das Blockhaus nicht mehr verhindern ließ. Nur die Bank sagte nichts und gab Anne Donath Geld.

Viel hat das Haus damals ja auch nicht gekostet: 85 000 Mark, inklusive Keller, Kamin und Bullerofen, dazu noch 50 000 Mark für das Grundstück und die Erschließungskosten. So etwas finanziert jede Bank, wenn man die Grundschuld eintragen lässt, eine Lebensversicherung aufnimmt und ein solider Arbeitgeber das Gehalt garantiert. Heute ist das kleine Blockhaus so etwas wie die Touristenattraktion von Steinhausen: Wenn im Gasthof »Linde« an der Hauptstraße eine Familienfeier stattfindet, nutzen die Menschen die Zeit zwischen Mittagessen und Kuchen und gehen »mal gucken, wo die Frau lebt«. Es sind nur ein paar Querstraßen zu Fuß.

Anne Donath arbeitet als Krankenschwester im Zentrum für Psychiatrie von Bad Schussenried. Es ist, sagen die Leute dort, ein guter Arbeitgeber, der für seine Angestellten sorgt. Laut Vertrag arbeitet Anne Donath einen Tag pro Woche. De facto sieht das so aus: Im Sommer arbeitet sie als Urlaubsvertretung mehrere Wochen am Stück, dafür hat sie den Rest des Jahres frei. Macht einen Bruttolohn von monatlich 470 Euro – steuerfrei. Abgezogen werden ihr nur die Beiträge für die Renten-, Arbeitslosen- und Krankenversicherung; das sind knapp 100 Euro. Gerade mal 33 Euro fallen jeden Monat an festen Kosten an: für die Gebäudeversicherung und die Grundsteuer, die Haftpflichtversicherung und den Kaminfeger, die Müllabfuhr und das Wasser, dazu für Holz, Schmierseife und Kerzen – und für die GEZ. Anne Donath besitzt ein batteriebetriebenes Radio.

Hinter dem Haus baut sie Gemüse an, Lauch, Zwiebeln, Tomaten und ein paar Kartoffeln, was der Garten eben so hergibt; sie isst häufig Kartoffeln, am liebsten mit Zwiebeln, und weil der eigene Vorrat nicht reicht, muss sie nach einem langen Winter bei einer Freundin nachkaufen.

Wenn Anne Donath das Abendessen vorbereitet, sitzt sie mit angezogenen Beinen auf dem Boden ihrer Hütte, barfuß, so wie sie meist auch herumläuft; man sieht das, ihre Füße sind rau und haben Schwielen. Das Haus ist sparsam möbliert: neben der Tür der Bullerofen, auf dem jetzt Wasser kocht; daneben ein Korb voll Holz und altem Papier als Brennmaterial; zwei Regale mit Büchern, ein kleiner Schrank für die Lebensmittel und ihre Kleidung; eine Leine, an der sie im Winter die Wäsche trocknet; ein heller, flauschiger Teppich, auf dem sie tagsüber sitzt und liest und nachts schläft oder liest, wenn sie nicht schlafen kann. Links vom Eingang ist das Bad: Hinter einem Vorhang ist eine Ecke der Hütte gefliest, an der Wand ein Wasserhahn, davor steht ein Eimer. »Das ist das Waschbecken«, sagt Anne Donath, »man kann sich auch mit drei Liter Wasser gründlich waschen, ohne Dusche.« Es gibt einen Spiegel und eine Toilette. Anne Donath spült mit Regenwasser, das sie draußen in einer Zisterne sammelt.

Natürlich erzählt man sich im Dorf Geschichten über »die Frau in dem Holzhaus«. Als sie einzog, vor zehn Jahren, habe sie nicht nur einen Hund besessen, sondern auch einen Esel. Und zum Kochen benutze sie das Bullauge einer ausrangierten Waschmaschinentür: bruchsicher, hitzefest, ideal für eine Feuerstelle. Den Esel gab es tatsächlich. Die ausrangierte Waschmaschinentür nimmt Anne Donath nicht zum Kochen, sondern als Salatschüssel.

Im Grunde lebt sie so, wie es viele von uns für ein paar Wochen im Jahr versuchen: einfach, ohne technischen Schnickschnack, in einer kleinen Hütte, die am besten in den Bergen steht. Oder am Meer. Im Urlaub spartanisch zu hausen, ist für uns ein Abenteuer. Wer das nicht sucht, hält es zumindest für vollkommen normal, dass die Menschen in Asien oder Afrika so einfach leben. Aber in Oberschwaben?

Soziale Gegensätze können eine Gesellschaft zerreißen. Deshalb reden Sozialpolitiker so viel über das »Existenzminimum« oder die »Hilfe zum Lebensunterhalt«. Deshalb horchen die Menschen auf, wenn von »neuer Armut« die Rede ist, oder davon, dass Arbeitslose weniger Geld bekommen sollen. 6 948 Euro im Jahr beträgt das steuerfreie Existenzminimum in Deutschland; Anne Donaths Einkommen liegt darunter. Offiziell gilt man hierzulande als arm, wenn das Einkommen niedriger ist als die Hälfte des durchschnittlichen Einkommens der Gesamtbevölkerung. Laut Statistik lag das durchschnittliche Nettoeinkommen zuletzt bei 1 440 Euro. Also ist Anne Donath arm.

Arm dran kann sie nicht sein. Sie hat sich ja bewusst entschieden, so zu leben. Sie könnte zum Beispiel länger arbeiten, um mehr zu verdienen; in der Klinik hat man ihr das immer wieder angeboten. Dann könnte sie sich auch ein Auto kaufen. Oder wenigstens ein besseres Fahrrad. Oder eine große Wohnung mieten, damit sie nicht in einem Haus leben muss, das kleiner ist als die Garage der Nachbarn. Sie will das nicht. Sie will nicht mehr arbeiten, um dann mehr zu haben. Anne Donath ist genau den umgekehrten Weg gegangen: Sie arbeitet so viel, wie für sie existenziell notwendig ist – mehr nicht. Das Existenzminimum ist für sie keine Barriere, hinter der das Glück beginnt. So ist sie zu dem Leben gekommen, das sie nun lebt. Doch eigentlich hat sie sich schon vor 50 Jahren auf den Weg gemacht.

Malente, Schleswig-Holstein, kurz nach dem Zweiten Weltkrieg. Geld ist in Deutschland knapp, insbesondere für jene, die viele Kinder ernähren müssen. Anne Donath hat zwei Brüder. Sie lebt mit ihren Eltern bei der Großmutter, in einem alten Haus. Viel Platz hat die Familie nicht: zwei Zimmer unter dem Dach. Als ein weiteres Kind kommt, ziehen alle in eine größere Wohnung, mit Badewanne und Eisschrank. Manchmal weiß die Mutter nicht, wie sie das Essen bezahlen soll. Als noch ein Kind kommt, wohnen sie in einer noch größeren Wohnung und haben noch weniger Geld. So etwas prägt.

Heute sagt Anne Donath über sich, dass sie »einen extremen Hang zur Sicherheit in finanziellen Dingen« habe. Dass sie mit hohen Schulden nicht leben könne. Und dass es für sie immer klar war, »nach einem soliden Besitzstand zu streben«, einem eigenen Haus.

Als sie heiratet, zieht sie mit ihrem Mann nach Süddeutschland. Regelmäßig fahren sie im Urlaub nach Algerien, im VW Bus oder Geländewagen. Ihre drei Töchter nehmen sie mit. Im Norden Afrikas sieht Anne Donath, dass man zum Waschen keine Waschmaschine braucht. Dass man auch über einer Feuerstelle kochen kann. Und dass die Beduinen in den Dörfern, obwohl sie so viel von Hand machen, immer noch Zeit für ein Gespräch haben.

Nach ihrer Scheidung zieht sie mit den Kindern nach Bad Schussenried in eine Mietwohnung. Hochhaus, siebter Stock, bei Föhn kann man die Alpen sehen. Das Fernweh kommt wieder. Als die Töchter erwachsen sind und ausziehen, kauft sich Anne Donath einen neuen Jeep und fährt los. Sechs Wochen verbringt sie 1992 in Mertoutek, einer kleinen algerischen Oase; dann weiß sie, wie sie künftig leben will. Als der Wäschetrockner kaputtgeht, kauft sie keinen neuen. Irgendwann macht die Spülmaschine ihren letzten Waschgang. Anne Donath setzt sich hin und rechnet. 400 Euro soll sie später als Rente bekommen, mehr nicht; sie hat wegen der Kinder einige Jahre nicht gearbeitet. Aber 400 Euro sind zu wenig, um die Miete zu zahlen und so zu leben wie bisher. Nur jeder Vierte, heißt es im *Vorsorgereport* der Bertelsmann-Studie, hat sich schon einmal ausrechnen lassen, wie viel Rente ihm später zusteht. Anne Donath hat noch weiter gerechnet. Was kostet mich das günstigste Haus, vielleicht ein Blockhaus? Wie teuer wäre ein Kredit? Weil sie zwar Abitur hat, aber die Formel für den Zinseszins nicht kennt, schreibt sie lange Zahlenkolonnen aufs Papier, bis sie ein Ergebnis hat.

An Heiligabend 1993 zieht Anne Donath in ihr eigenes Haus. Wenn sie die Tür aufschließt und in die Hütte kommt, tastet ihre rechte Hand in den ersten Wochen immer noch nach dem Lichtschalter. Heute kann sie sich kaum vorstellen, noch einmal anders zu leben. Ihre Kinder haben das längst akzeptiert – vielleicht, weil sich gewisse Charakterzüge eben doch vererben. Ihre älteste Tochter wird im Sommer ihren Job aufgeben, um »eine Weile Schafe zu hüten«, wie Anne Donath sagt.

Natürlich versucht jeder im Ort, diese seltsame Frau in eine Schublade zu stecken, und wird widerlegt. Die Umweltbewegten sind enttäuscht, weil Anne Donaths Haus einen Betonkeller hat und keinen Lehmboden. Die Vegetarier sind enttäuscht, weil sie bei Freunden durchaus Wurst isst. Die Autohasser sind enttäuscht, weil Anne Donath sich von der Freundin auch mal mit dem Auto nach Biberach zum Einkaufen mitnehmen lässt. Die Konsumverweigerer sind enttäuscht, weil sie sich ab und zu richtig teure Sachen kauft, Wanderstiefel etwa, für 215 Euro. Die Streitlustigen sind enttäuscht, weil Anne Donath zu ihren Nachbarn ein recht gutes Verhältnis hat; manchmal kommt die Frau von nebenan und bringt ein großes Stück Kuchen. Eigentlich sind alle enttäuscht, weil Anne Donath weder gramgebeugt durch Leben geht noch die viele Zeit, die sie hat, für große Taten nutzen will. Sondern einfach nur lebt.

Aus vier Tagen Geldverdienen sind bei ihr vier Tage Zeithaben geworden. »Müßiggang ist schöpferisch«, sagt sie. »Lieber sinniere ich fünf Stunden in der Hängematte und arbeite dann ein Stunde, als dass ich fünf Stunden den Buckel krumm mache und dann eine Stunde grüble, ob das wirklich nötig gewesen wäre.« Oder sie entdeckt, wofür sie jetzt Zeit hat. Zum Wolle spinnen etwa. Anne Donath macht sich ihre Pullover selbst – nicht, weil sie mit selbst gemachten

Pullovern die Textilindustrie boykottieren will. Sondern weil sie irgendwann entdeckt hat, dass der Bauer im Dorf ganz froh ist, einen Abnehmer für die Wolle seiner Schafe zu haben, die er sonst teuer entsorgen müsste. Weil sie einfach probiert hat, wie es ist, wenn man Naturwolle wäscht und kämmt und dann mit einem Holzstöckchen spinnt. Zwei Monate braucht sie für einen Pullover. Im Laden würde ein Kleidungsstück aus handgekämmter Schurwolle ein Vermögen kosten. Anne Donath kann es sich leisten. Es kostet sie nur Zeit.

Und wenn nun in Bad Schussenried noch jemand auf die Idee kommt, so zu leben, noch ein solches Haus zu bauen?

Der Bürgermeister zögert. Vor zehn Jahren war Georg Beetz noch nicht im Amt, aber er hätte, sagt er, bestimmt nichts gegen Donaths Hütte einzuwenden gehabt. Heute sitzt Beetz in einem Büro, das so groß ist wie das kleine Holzhaus in Steinhausen. Von seinem Schreibtisch aus blickt er auf eine historische Stadtkarte. »Kommt darauf an, wo dieses Haus hin soll. Direkt im Ortskern, zum Beispiel an der Hauptstraße, ginge es natürlich nicht. Es kann eben nicht jeder immer das tun, wozu er gerade Lust hat. Nur so funktioniert eine Gesellschaft.«

Kapitel 6
Es geht ums Ganze

Wie finanzielle Dummheit
der Volkswirtschaft schadet

Im Supermarkt der Zukunft werden die Preisschilder viel größer sein, damit wir sie besser lesen können. Die Gänge zwischen den Regalen werden um einiges breiter sein, damit mindestens zwei Elektromobile gleichzeitig hindurchpassen. Es wird große Ruhezonen geben und Computerterminals, die genau anzeigen, welche Fleischsorte im Eintopf steckt, welche Vitamine im Joghurt und ab wann die Eier in den Kühlschrank müssen – und das alles in besonders großer Schrift. Im Supermarkt der Zukunft werden die meisten Kunden alte Menschen sein. Sie werden nur noch schlecht sehen können und Mühe haben, sich zu bücken oder lange zu stehen.

Willkommen in der Altenrepublik Deutschland.

Schon am Ende dieses Jahrzehnts könnten hierzulande 2,5 Millionen Menschen weniger leben. Ohne Zuwanderer wird die Bevölkerung bis 2020 um weitere 3,9 Millionen Menschen schrumpfen. Und weil sich dieser Effekt immer weiter steigert, wird die Bundesrepublik bis 2040 insgesamt fast 18 Millionen Menschen weniger zählen. Anders ausgedrückt: Im Jahr 2040 leben in Deutschland noch so viele Menschen wie vor dem Ersten Weltkrieg. Bis 2080 wird sich die Bevölkerungszahl halbiert haben: von 80 Millionen auf 40.

Nun bedeuten weniger Menschen auf gleich viel Fläche nicht automatisch eine gesellschaftliche Katastrophe. Uns bliebe mehr Platz zum Leben, in den Großstädten könnten ganze Viertel abgerissen und begrünt werden, auf dem Land würden brachliegende Gewerbezonen in Naturschutzgebiete umgewandelt. Katastrophal aber ist die Verschiebung der Altersstruktur der Bevölkerung. Das Land vergreist, weil die Deutschen immer länger leben und immer weniger Kinder bekommen.

Mehr alte und weniger junge Menschen bedeuten auch, dass es künftig immer weniger Beitragszahler für das gesetzliche Rentensystem geben wird. Da gleichzeitig die Lebenserwartung der Deutschen steigt und steigt, schrumpfen die Auszahlungen der Rentenkasse jedoch nicht im gleichen Maß wie ihre Einnahmen sinken. Das Rentensystem kollabiert.

Jahrzehntelang haben Politiker in Deutschland von der sicheren Rente geschwärmt. »Kinder bekommen die Menschen immer«, wehrte Bundeskanzler Konrad Adenauer nach dem Krieg die ersten kritischen Fragen nach der Zukunftsfähigkeit des Rentensystems ab. Und noch in den Achtzigern beklebte der damalige CDU-Arbeitsminister Norbert Blüm eigenhändig Litfaßsäulen mit bunten Plakaten, auf denen die Bundesregierung die sichere Altersvorsorge propagierte. Heute ist klar: Der Generationenvertrag hält nicht für die Ewigkeit.

Der Generationenvertrag?

Es ist der weit verbreitete Irrtum der gesetzlichen Rentenversicherung: Viele Deutsche glauben, dass sie mit ihren Beiträgen für den eigenen Ruhestand vorsorgen. Tatsächlich aber finanzieren die heutigen Einzahler den Ruhestand der heutigen Rentner – und das haben weit weniger Bürger verstanden, als die meisten Sozialpolitiker unterstellen. Wer freilich gar nicht weiß, wie das System funktioniert, begreift auch nicht, warum dieses System reformiert werden muss. Zwar blieb den Einzahlern im Generationenvertrag auch in der Vergangenheit immer nur die Hoffnung, dass ihre Rente von der nachfolgenden Generation finanziert wird. Bislang hegten sie diese Hoffnung sogar zu Recht, weil es immer genug Kinder gab. Künftig aber ist darauf kein Verlass mehr.

Alles halb so schlimm, sagen die Politiker nun, wir stärken ja die private Altersvorsorge, die gleicht die Schieflage wieder aus. Das ist die Grundidee der Riester-Rente, das verbirgt sich hinter der Forderung nach mehr Eigenverantwortung. Bloß: Sind wir so selbstständig? Sind finanzielle Analphabeten tatsächlich in der Lage, durch eigenes Sparen die Rentenlücke zu schließen? Die traurige Antwort heißt: Nein. In den Vereinigten Staaten zum Beispiel zeigen Untersuchungen, dass der Konsum älterer Menschen drastisch sinkt, sobald sie in Rente gehen. Sie haben nicht ausreichend vorgesorgt und müssen sich einschränken. Für ein optimales Sparverhalten spricht das nicht – und das in einem Land, dessen Bürger sich eigentlich viel besser mit Geld auskennen sollten. Immerhin setzen die USA traditionell stark auf finanzielle Eigenverantwortung fürs Alter.

Wenn immer mehr Alte immer älter werden, verschieben sich nicht nur die demografischen Strukturen einer Gesellschaft. Auch die Ökonomie verändert sich. Die Unternehmen stellen dann vor allem Produkte für Senioren her, die Reiseveranstalter bieten immer mehr Urlaub für Alte an, die Werbung konzentriert sich auf Autos für Alte, Cremes für Alte und Essen für Alte. Das ist grundsätzlich nicht schlimm, vielleicht ist es angesichts des Jugendkults der vergangenen Jahre sogar ganz angenehm. In einer Volkswirtschaft mit einem hohen Anteil älterer Menschen hängt allerdings auch ein viel größerer Anteil der inländischen Nachfrage von diesen Menschen ab. Und wenn die Alten finanzielle Analphabeten sind, bekommt diese Volkswirtschaft ein großes Problem.

Bereits im Jahr 2030, schätzt der Mannheimer Wirtschaftsprofessor Axel Börsch-Supan, wird mehr als die Hälfte des Konsums in Deutschland von Ruheständlern getragen. Es werden Menschen sein, die viel weniger aus der staatlichen Rentenkasse erhalten als die Generationen vor ihnen. Es werden Menschen sein, denen gesagt wurde, dass sie privat fürs Alter sparen sollen – und die dabei versagt haben. Es werden Menschen sein, die länger leben und insgesamt weniger Geld zur Verfügung haben werden. Sie werden weniger reisen, weniger ausgehen, weniger kaufen. Die inländische Nachfrage bricht ein.

Finanzielle Analphabeten schaden nicht nur sich selbst, sondern allen. Wenn wir vom Umgang mit Geld nichts verstehen, droht uns ein Alter in Armut. Dann muss doch wieder der Staat einspringen und uns finanziell unterstützen. Das Geld dafür holt er sich von jenen, die noch ein bisschen Geld haben: von den jungen Steuerzahlern. Es ist ein Teufelskreis.

Der 92. Geburtstag

»Als die europäischen Wohlfahrtssysteme geschaffen wurden, waren sie sehr gut und sehr fair«, zitiert der amerikanische Wirtschaftsforscher Daniel Yergin in seinem Buch *Staat oder Markt* den französischen Expräsidenten Valéry Giscard d'Estaing. »Aber die gegenwärtige Lebensspanne übersteigt bei weitem die Lebenserwartung, die bei der Berechnung der Systeme ursprünglich zugrunde lag.« Staat versus Markt, Amerika gegen Europa: Während in der neuen Welt die staatliche Unterstützung der Menschen seit jeher eine untergeordnete Rolle gespielt hat, war der alte Kontinent traditionell vom Gedanken staatlicher Wohlfahrt geprägt. Heute ist klar, dass das gesetzliche Rentensystem nur überleben kann, wenn es reformiert wird – und zwar gründlich. Viel zu lange haben Politiker die steigende Lebenserwartung der Menschen ignoriert.

Bereits in den achtziger Jahren des 19. Jahrhunderts schuf Reichskanzler Otto von Bismarck in Deutschland das moderne Rentensystem. Jeder Mann, der damals seinen 60. Geburtstag feierte, hatte rein statistisch noch 13 Jahre zu leben, jede Frau noch 14. Seitdem ist die Lebenserwartung der Deutschen deutlich gestiegen: 1990 lag sie für 60-jährige Männer bereits bei 79 Jahren, für die 60-jährigen Frauen sogar bei 83. Und wir werden noch länger leben: weil heute kaum noch jemand als Stahlkocher am Hochofen schwitzen muss oder unter Tage im Bergbau schuftet. Harte Arbeit, die den Körper kaputtmacht, ist in den modernen Industrieländern selten geworden. Und: Die Medizin leistet heute viel mehr, als vor zwanzig Jahren überhaupt denkbar war. Altersforscher rechnen damit, dass 60-jährige Männer im Jahr 2010 noch ungefähr 22 Jahre leben werden, Frauen sogar 28. Und im Jahr 2050 werden die dann 60-jährigen Männer berechtige Hoffnungen haben dürfen, auch noch den 85sten Geburtstag zu feiern, die Frauen sogar den 92sten.

Doch es ist nicht nur die gestiegene Lebenserwartung, die uns finanziell vor größere Herausforderungen stellt. Dank der modernen Medizin werden wir im Alter künftiger gesünder sein als heute, wir werden selbst im hohen Alter noch verreisen oder Sport machen können. Dieser Lebensstil wird Geld kosten. Gleichzeitig werden die Senioren von morgen mehr für Untersuchungen, Behandlungen und Medikamente ausgeben müssen, die ihnen das längere Leben ermöglichen. Ende der neunziger Jahre, so eine Berechnung des Deutschen Instituts für Altersvorsorge, benötigte ein Rentner ungefähr 58 Prozent dessen, was er als Arbeiter oder Angestellter in den letzten Berufsjahren verdient hatte, um seinen Lebensstandard auch im Alter halten zu können. Doch diese Quote steigt: Im Jahr 2020, schätzt das Institut, könnten es bis zu 75 Prozent sein. So viel jedoch wird die staatliche Rentenversicherung allein niemals zahlen können. Das ist die so genannte Rentenlücke, von der die Experten immer sprechen.

Läuft die gesellschaftliche Entwicklung so weiter wie bisher, wird es im Jahr 2010 mehr als elf Millionen Rentnerhaushalte geben – sie könnten dann jedes Jahr eine Versorgungslücke von 39 Milliarden Euro haben. Bei 13,5 Millionen Rentnern im Jahre 2020 würden jedes Jahr schon 84 Milliarden Euro fehlen. Um diese Lücke zu schließen, müsste ein Rentnerhaushalt im Jahr 2010 jeden Monat 286 Euro einsparen, im Jahr 2020 wären es sogar 518 Euro.

Wo aber werden sich die Rentner von morgen einschränken? Bei der Miete? Beim Essen? Bei den Ausgaben für ihre Gesundheit? Wohl kaum. Sie werden bei allem anderen sparen: Sie werden sich keine teuren Reisen leisten (obwohl ihre Gesundheit ja mitmachen würde), sie werden weniger ins Theater oder ins Kino gehen, sie werden die Mitgliedschaft im Sportverein kündigen. Kurz: Ihre Lebensqualität wird sich mit Rentenbeginn schlagartig verschlechtern, weil sie sich viele Dinge nun nicht mehr leisten können.

Eine Frage des Niveaus

Wie viel ein Ruheständler in Deutschland von der gesetzlichen Rentenversicherung bekommt, wird durch das so genannte Rentenniveau ausgedrückt. Damit bezeichnen Statistiker die Rente, die ein Durchschnittsverdiener kassiert, der 45 Jahre in die Rentenversicherung eingezahlt hat. Gemessen wird dieses Rentenniveau am durchschnittlichen Nettoerwerbseinkommen aller Beitragszahler. Im Jahr 2001 lag das Rentenniveau bei 69 Prozent. Diese Zahl mag die Statistiker befriedigen, aussagekräftig ist sie kaum. Die wenigsten Menschen in Deutschland zahlen tatsächlich 45 Jahre lang Beiträge in die Rentenkasse, regelmäßig und ohne Unterbrechung. In Zahlen ausgedrückt heißt das: Nur die Hälfte der Männer erreicht überhaupt das Standard-Rentenniveau, bei den Frauen sind es sogar nur fünf Prozent.

Das Deutsche Institut für Altersvorsorge hat einmal nachgerechnet: Nimmt man bei Neurentnern die tatsächliche Zahl der Beitragsjahre und vergleicht sie mit dem durchschnittlichen Nettolohn der aktuell noch arbeitenden Menschen, dann lag das durchschnittliche Rentenniveau im Jahr 2001 bei erschreckend geringen 46 Prozent. Besonders dramatisch ist die Lage der Frauen: Im Jahr 2001 lag die Durchschnittsrente von Neurentnerinnen gerade mal bei 500 Euro –

und das ist weniger als das Sozialhilfeniveau eines Einpersonenhaushalts.

Kein Wunder, dass die Politiker inzwischen die zusätzliche private Altersvorsorge propagieren und den ersten Schritt dazu, die so genannte Riester-Rente, bereits als Meilenstein beim Umbau des Sozialstaats Deutschland feiern. Doch dieser Meilenstein ist bestenfalls ein Steinchen. Wenn sich der Staat aus der Rentenfinanzierung zurückzieht und die Altersvorsorge Menschen überlässt, die von Geld nichts verstehen, dann darf sich kein Minister oder Staatssekretär beschweren, dass Rentner am Neuen Markt ihre Ersparnisse verlieren und spekulierende Väter ganze Familien in Schulden stürzen. Und wenn die Politiker ob des ganzen Desasters nun den »Schaden für die deutsche Aktienkultur« bejammern, dann ist das schlicht Heuchelei – sie haben ja nichts unternommen, um unsere finanzielle Bildung zu verbessern.

Früher haben die Menschen auf effektive und natürliche Art fürs Alter vorgesorgt: Sie haben viele Kinder in die Welt gesetzt, ein Haus gebaut, Gemüse angepflanzt und Hühner gehalten. Da war es ganz egal, wie gut oder schlecht jeder Einzelne mit Geld umgehen konnte. Doch irgendwann haben die Menschen weniger Kinder bekommen, ihre Lebensmittel im Supermarkt gekauft und lieber eine Wohnung gemietet als ein Haus gebaut. Sie haben weniger gespart und mehr konsumiert – die Rente kam ja vom Staat. So ist auch die Sparquote in den vergangenen 30 Jahren gesunken, von 14,7 Prozent im Jahr 1970 auf 6,3 Prozent des verfügbaren Einkommens im Jahr 2002.

Die schrumpfende Bevölkerung stellt uns alle vor Probleme – selbst jene, die rechtzeitig privat fürs Alter vorsorgen wollen. Wenn immer weniger Menschen in Deutschland leben, gelten die alten Rezepte der Geldanlage nicht mehr. Zum Beispiel, dass Immobilien eine krisenfeste Investition sind. Wer soll dann noch all die schönen Altbauwohnungen, Reihenhäuser und Büroetagen kaufen? Das mag jenen egal sein, die ohnehin im eigenen Haus oder der eigenen Wohnung mietfrei leben, sich so einen Teil der Altersrente aufgebaut haben, und auch gar nicht daran denken, wieder auszuziehen. Dramatisch ist es für alle anderen. Wer sein Haus oder seine Wohnung verkaufen oder vermieten will, um von diesem Geld zu leben, findet keine Käufer oder Mieter mehr. Die Immobilienpreise werden fallen, weil die Nachfrage nach Wohnungen und Häusern einbricht. Auch die Käufer von

Immobilienfonds werden leiden. Viel zu vielen Menschen ist das noch gar nicht bewusst.

Karussell der Kurse

In der Krise stirbt die Hoffnung zuletzt. Sie haben an der Börse 50 000 Euro verzockt? Das macht doch nichts! Ihre Telekom-Aktien sind fast nichts mehr wert? Die steigen auch wieder! Der Dax ist seit dem Frühjahr 2000 um mehr als die Hälfte eingebrochen? Das nennt man Aufwärtspotenzial! Es ist eine alte Anlegerweisheit: Auf lange Sicht, glauben viele Börsianer, ist die Aktie die lukrativste Form der Geldanlage. Und einen Crash sitzt man einfach aus. Mit Aktien, heißt es, kann jeder ein kleines Vermögen machen – man muss sie nur lange genug behalten.

Es ist die Sicht der Optimisten.

Diese verweisen gern auf das Wachstum des Deutschen Aktienindex in den vergangenen Jahrzehnten. Ihr Kronzeuge ist Richard Stehle: Der renommierte Kapitalmarktforscher der Berliner Humboldt-Universität hat den Dax, der die Wertentwicklung der 30 größten deutschen Aktiengesellschaften widerspiegelt, bis 1948 zurückberechnet – offizielle Daten gibt es erst seit 1980. Stehles Ergebnis: Wer 1950 deutsche Aktien kaufte und sie heute noch besitzt, erzielte jährlich eine Rendite von mehr als zehn Prozent, trotz Inflation. Wer 1980 kaufte und die Aktien 20 Jahre hielt, kassierte jedes Jahr fast 15 Prozent – deutlich mehr als mit festverzinslichen Bundesanleihen.

Den Pessimisten fallen andere Beispiele ein.

Was ist mit jenen Anlegern, die kurz vor einer Krise zugriffen, zu überhöhten Preisen, und die ihre Aktien nicht 50 Jahre hielten, sondern nur zehn? Oder den anderen, die in der Krise verkaufen mussten, weil sie dringend Geld brauchten? Wer 1987, kurz vor dem Crash, Aktien kaufte und die Papiere ein halbes Jahrzehnt hielt, machte unter dem Strich jedes Jahr Verlust. Wer 1970 einstieg, seine Aktien während der Ölkrise hielt und 1975 verkaufte, verlor fast zehn Prozent jährlich. Und wer 1999 mitten im Börsenboom kaufte und diese Aktien bis Ende 2002 hielt, machte jedes Jahr durchschnittlich 25 Prozent Verlust.

Die Optimisten entgegnen, als Aktionär müsse man eben etwas

mehr Durchhaltevermögen beweisen. Langfristig investieren hieße demnach, die Aktien nicht bloß fünf Jahre zu besitzen, sondern zehn, 20 oder gar 30 Jahre. Und: An der Börse dürfe man nur Geld einsetzen, das man selbst im Notfall nicht brauche. Es gebe keinen falschen Einstiegszeitpunkt, spotten erfahrene Anleger. Nur den falschen Zeitpunkt zum Aussteigen.

Doch so einfach ist es nicht.

Früher war wenigstens noch auf die Lebensversicherer Verlass. Sie kauften und ließen die Aktien dann über Jahre liegen; das brachte Ruhe an die Börse und glättete die extremen Kursausschläge. Aber diese Strategie ist aus der Mode gekommen. Heute schichten selbst große Anleger ihr Depot mindestens einmal jährlich komplett um. Noch hektischer agieren Hedgefonds; sie drehen ihr Depot bis zu 100-mal im Jahr. Und das heißt: Die Kurse schwanken wie nie zuvor. War es Anfang der neunziger Jahre noch eine Sensation, wenn eine Aktie aus dem Dax binnen Tagesfrist um fünf Prozent stieg oder fiel, so ist das heute längst Alltag. Ein Zuwachs von zehn Prozent ist so normal wie ein Kursrutsch von zwölf.

Es war die geballte Aktiennachfrage der so genannten Babyboomer, also der Generation der heute 40- bis 59-Jährigen, die den Börsenboom der neunziger Jahre anheizte. Als die geburtenstarken Jahrgänge blind und fast ihr gesamtes Geld in Aktien investierten, explodierten die Kurse. Und es war die finanzielle Dummheit der großen Investoren, also der Lebensversicherer und Fondsgesellschaften, die diesen Trend verstärkte, weil selbst die Finanzprofis in ihrer Euphorie vergaßen, dass Kurse auch wieder fallen können. Nun hat die Börsenkatastrophe die Anleger verunsichert – und zwar alle. Mehr als 70 Prozent hat allein der Dax zwischen dem Frühjahr 2000 und dem Frühjahr 2003 verloren; der zahlreiche Werte umfassende japanische Aktienindex Topix, der ebenfalls 70 Prozent einbrach, hat dafür immerhin 13 Jahre gebraucht. Der rasante Kursverfall hat viele viel Geld gekostet – und Nerven. Jetzt sind die Privatanleger verschreckt, und selbst die großen Investoren überdenken ihre Aktienengagements. Die Aktienquote der latent börsenbegeisterten britischen Lebensversicherer etwa ist auf 50 Prozent gesunken, auf das niedrigste Niveau seit zwei Jahrzehnten. Auch in Deutschland bleiben Versicherer und Fondsgesellschaften der Börse fern. So wie nach der Ölkrise 1973/74: Damals brauchte der Aktienmarkt fast eine Anlegergeneration, um sich zu erholen. Wegen des niedrigen Handelsvolumens schwankten die Kurse heftig, starken Einbrüchen folgten regelmäßig dicke Gewinne. Bis die Kurse wieder sackten.

Die finanzielle Dummheit aller Anleger hat zur größten Spekulationsblase in der Geschichte der Aktienmärkte geführt – und zum größten Crash. Doch ein funktionierender Kapitalmarkt ist überlebenswichtig für jede moderne Volkswirtschaft. Junge Unternehmer brauchen die Börse, wenn die Banken kaum noch Kredite vergeben. So wie heute. Für viele Mittelständler ist ein Börsengang die einzige Alternative, das Überleben ihres Unternehmens zu sichern, wenn sich – wie so häufig – kein Nachfolger für den Familienbetrieb findet. Und große, bereits an der Börse notierte Konzerne müssen über Kapitalerhöhungen und die Ausgabe frischer Aktien an Geld kommen, um neue Geschäftsfelder zu erschließen und Arbeitsplätze zu schaffen. Nur so entsteht Wachstum. Ohne Wachstum versinkt eine moderne Wirtschaft im Chaos.

Auch eine moderne Altersvorsorge ist ohne Aktien kaum denkbar. Das staatliche Rentensystem ist längst an seine Grenzen gestoßen, die Bevölkerungsentwicklung wird das Umlageverfahren in seiner heutigen Form endgültig sprengen. Und die Staatskassen sind leer. Umso wichtiger ist es, dass wir alle in den kommenden Jahren nicht blind in Aktien investieren. Dass wir nicht falschen Renditeversprechen und falschen Freunden glauben. Sondern dass wir die Aktie endlich als das ansehen, was sie ist: eine wichtige Anlageform, aber eben nur eine von vielen. Selbst bei einer jährlichen Rendite von acht Prozent würde der Dax 16 Jahre brauchen, um sein Allzeithoch von 8 136 Punkten überhaupt wieder zu erreichen.

Es gibt keine Alternative zur privaten Altersvorsorge. Aber jeder sollte wissen, dass auch Aktienkurse etwas mit der demografischen Entwicklung zu tun haben. Mit anderen Worten: Die alternde Bevölkerung birgt eine zweite Zeitbombe, die viele heute noch gar nicht erkannt haben.

Wenn die geburtenstarken Jahrgänge in Rente gehen, verkaufen sie nach und nach ihre Aktien, um ihren Ruhestand zu finanzieren. Also steigt das Aktienangebot am Markt. Doch so viele Aktien können die geburtenschwachen Jahrgänge gar nicht kaufen. Weil die Nachfrage fehlt, sinken die Kurse. Von 2010 an, spätestens aber ab dem Jahr 2015, verschlechtert sich das Verhältnis von Sparern zu Entsparern dramatisch, warnen Ökonomen schon heute – die Folge sind erhebliche Kursverluste. Aber auch schon in den Jahren davor nimmt der Verkaufsdruck zu, weil die kurz vor der Rente stehenden älteren Anleger langsam ihr Vermögen umschichten: von Aktien in vergleichsweise sichere Anleihen oder in Festgeld.

Ein Ausweg wäre es, wenn die Anleger verstärkt dort Aktien kaufen würden, wo es mehr junge Menschen gibt, also in den Schwellenländern. Die Frage ist nur, wie sicher die *Emerging Markets* künftig sein werden. Zudem müssten die Anleger erst einmal ihr Verhalten ändern: Wenn es um Altersvorsorge geht, investieren sie heute fast 90 Prozent ihres Geldes in Aktien des Heimatlandes.

Finanzielle Analphabeten, die nur das tun, was alle tun, werden in diesem Szenario untergehen. Sie werden entweder gar keine Aktien mehr kaufen und sich in einigen Jahren wundern, dass sie beim Aufbau der privaten Altersvorsorge kaum weitergekommen sind. Oder sie kaufen wahllos Aktien und wundern sich dann, dass schon in ein paar Jahren die Kurse tendenziell sinken und sie Verluste machen.

Auch in den Vereinigten Staaten oder Großbritannien gibt es finanzielle Analphabeten, obwohl diese Länder viel kapitalmarktorientierter sind als Deutschland und sich die Menschen dort schon viel länger mit Börse und privater Altersvorsorge befassen. Finanzielle Bildung erwirbt man eben nicht, in dem man nur lange genug spekuliert oder sich lange genug mit Versicherungen beschäftigt. Man braucht ein solides Fundament. Und das muss die Familie liefern. Und wenn die es nicht kann: dann eben die Schule.

Die gesellschaftliche und ökonomische Katastrophe, auf die eine Gesellschaft von finanziellen Analphabeten zusteuert, zeigt aber auch, dass es um mehr geht, als nur um Eigenverantwortung. Es geht um eine familienfreundlichere Gesellschaft, in der mehr Kinder in die Welt gesetzt werden. Es geht um eine kluge und bedachte Einwanderungspolitik, die die Alterstrukturen der Gesellschaft sinnvoll verändert. Und es geht darum, dass eine echte Wissensgesellschaft entsteht, die Innovationen schafft und Patente entwickelt, auf diese Weise die Wirtschaft stärkt und von der inländischen Nachfrage unabhängiger macht. In den Vereinigten Staaten, dem wichtigsten Forschungsstandort der Welt, sind es heute vor allem die Einwanderer aus Asien, die das Land voranbringen. In den Master- und Promotionsstudiengängen der Natur- und Ingenieurwissenschaften kommt jeder dritte Student aus dem Ausland, in der Physik sogar jeder zweite. Ohne die ausländischen Gastdozenten würde an den US-Hochschulen der Forschungs- und Lehrbetrieb zusammenbrechen. In Deutschland dagegen ist das Thema Zuwanderung noch immer ein Tabu. Genau wie das Thema Geld. Aber beides hängt miteinander zusammen.

Kapitel 7
Amerikas Albtraum

Was die Vereinigten Staaten
tun – und falsch machen

Acht von zehn US-Amerikanern kennen die Namen der Stars aus den Daily Soaps im Fernsehen. Aber nur einer von zehn kennt den Unterschied zwischen einem Investmentfonds mit und ohne Ausgabeaufschlag. Und den meisten Amerikanern ist schlicht unbekannt, dass sich Banken die Verwaltung von Wertpapieren bezahlen lassen.

Finanzielle Analphabeten gibt es überall, selbst dort, wo man sie am wenigsten erwarten würde. Auch in den Vereinigten Staaten, einem Land, in dem die private finanzielle Vorsorge sehr viel stärker ausgeprägt ist, verstehen die Menschen nichts vom Umgang mit Geld. Bereits Ende der 1990er-Jahre warnte Arthur Levitt – der damalige Chef der Börsenaufsicht Securities and Exchange Commission (SEC) – davor, die finanzielle Allgemeinbildung der Bevölkerung zu vernachlässigen. Eine derartige Ignoranz könne noch »sehr gefährlich« werden.

Etwa jeder vierte US-Bürger hat keinerlei Ersparnisse fürs Alter. Die Betriebsrente, eine traditionelle Form der Vorsorge, die eine lebenslange Zahlung garantiert, wurde in den vergangenen Jahrzehnten immer weiter zurückgedrängt. Heute wird nicht einmal jeder fünfte Amerikaner über eine solche Betriebsrente verfügen können. Getrieben von der Gier auf schnellen Reichtum vertrauten die meisten lieber der Börse und kauften Aktien und Fonds, die zweistellige Renditen pro Jahr versprachen. Das war verlockend, keine Frage. Amerikaner sind es gewohnt, sich nicht auf den Staat zu verlassen. Zu ihrem Einkommen im Alter steuert der Staat nur 40 Prozent bei. Den großen Rest müssen sie selbst aufbringen.

Doch mit dem Crash an der Börse sind die Träume einer ganzen Generation geplatzt. Mehr als ein Drittel hat der amerikanische Aktienindex Dow Jones – das weltweit maßgebliche Börsenbarometer – seit seinem Höchststand Anfang 2000 verloren, der Nasdaq-Index, in dem die einst gelobten Hightechwerte zusammengefasst sind, sogar mehr als 70 Prozent.

Börsenverluste haben Aktionäre auf der ganzen Welt viel Geld gekostet – die Amerikaner jedoch besonders viel. Immerhin ist der Anteil ihres Vermögens, den sie in Aktien investieren, traditionell besonders hoch. Mit dem Stand des Wertpapierdepots steigt und fällt aber auch der gefühlte Wohlstand. Wie reich bin ich? Was kann ich mir leisten? Wie viel Schulden kann ich machen? Vermögenseffekt nennen das die Ökonomen. Nirgendwo sonst ist dieser Effekt so groß wie in den USA. Und das hat Konsequenzen.

In keinem anderen Land der Welt hängt die ökonomische Verfassung so stark am privaten Konsum. Fast 70 Prozent des Bruttoinlandsprodukts der Vereinigten Staaten entfallen auf die Kauflust der Bürger – in Deutschland sind es zehn Prozentpunkte weniger. Das Geld, das amerikanische Familien in Shopping-Malls, Autohäuser und Sportgeschäfte tragen, entscheidet darüber, ob das Land eine wirtschaftliche Blütezeit erlebt oder in eine Rezession rutscht. Bislang gaben die Amerikaner noch in jedem Jahr mehr Geld aus als zuvor. Seit 1980 ist die private Sparquote – also der Anteil des verfügbaren Einkommens, den die Haushalte für schlechtere Zeiten oder das Alter zurücklegen – permanent gesunken, von mehr als zehn Prozent auf weniger als vier Prozent Ende 2002. In demselben Zeitraum haben sich die US-Konsumausgaben vervierfacht – auf knapp 7,3 Billionen US-Dollar jährlich. Die Amerikaner kaufen wie im Rausch. Die Frage ist nur: Wie lange noch?

Der Wohlstand der US-Bevölkerung ist ein Wohlstand auf Pump. Rein rechnerisch sind heute die Schulden eines Haushalts bereits höher als das Jahreseinkommen. Noch mehr Geld auszugeben ist für viele Amerikaner nur auf eine Weise möglich: wenn sie noch mehr Schulden machen. Aber so einfach funktioniert das nicht. Mehr als 1,5 Millionen US-Bürger sind zahlungsunfähig, Millionen weitere stehen kurz davor. Geraten noch mehr Menschen in die Schuldenfalle, sind die Auswirkungen dramatisch: Die Nachfrage bricht ein. Und damit auch die gesamte Wirtschaft. Also gilt es, der eigenen Bevölkerung so schnell wie möglich den Umgang mit Geld beizubringen, um das Schlimmste zu verhindern.

Das Zauberwort heißt »Financial Literacy«, zu deutsch: finanzielle Bildung. Während die Deutschen noch nicht einmal verstanden haben, dass sie von Geld nichts verstehen, sind die Amerikaner schon weiter. Selbst US-Notenbankchef Alan Greenspan fordert inzwischen, dass sich die Amerikaner mehr um Geld kümmern. Dass sie Schulden abbauen. Dass sie private Haushaltsbudgets und Sparpläne erstellen. Dass sie sich um ihre Altervorsorge kümmern. Und darum, wie sie die Ausbildung ihrer Kinder finanzieren.

Dass ausgerechnet der mächtigste Notenbankchef der Welt vergleichsweise banale Ratschläge erteilt, hat einen Grund. Weil es zwar an Initiativen und Konzepten nicht mangelt, aber die Amerikaner trotzdem noch nicht verstanden haben, wie Geld funktioniert. Rund 14 Prozent des verfügbaren Familieneinkommens gehen heute für Zinsen alter Darlehen drauf; schon 2004 werden es 18 Prozent sein. Jeder zehnte Student mit eigener Kreditkarte steht mit mehr als 7 000 US-Dollar in der Kreide, noch bevor er überhaupt anfängt zu arbeiten und eigenes Geld zu verdienen. Und die meisten Amerikaner finden nichts dabei, zweistellige Zinsen für ihre Kredite zu bezahlen, ihr Erspartes aber nur zu miesen Konditionen anzulegen.

Die Finanzindustrie rät

Dominiert wird die finanzielle Bildung von der Geldwirtschaft. Hinter der Initiative »Financial Literacy 2010« (FL 2010), die vor allem Lehrer fortbilden will, steht unter anderem eine Tochtergesellschaft des Nationalen Verbandes amerikanischer Wertpapierhändler. Mehr als 40 000 Lehrer hat FL 2010 bereits mit Unterrichtsmaterial versorgt, rund 9 000 Pädagogen haben Seminare über die Grundlagen des Sparens und Investierens besucht.

So gut wie alle amerikanischen Banken bezeichnen sich selbst als Bildungsträger, unerheblich davon, ob sie sich an Kinder oder Erwachsene richten: Bei einer Umfrage der Consumer Banker Association aus dem Frühjahr 2002 gaben 97 Prozent aller Kreditinstitute an, Programme zur finanziellen Allgemeinbildung zu fördern oder selbst anzubieten. Darunter verstehen sie fast alles: Informationsabende zum Thema Immobilienfinanzierung genauso wie Kreditberatung. Aber auch Ratschläge für Existenzgründer und Seminare in Schulen zählen dazu.

Die kalifornische Hawthorne Savings zum Beispiel hat sich auf Senioren und Rentner spezialisiert, denen sie neben den Grundlagen der Kontoführung auch noch (man beachte die Zielgruppe!) das richtige Sparen fürs Alter beibringt.

Die verschiedenen Programme richten sich vor allem an die Mittel- und Unterschicht in der Bevölkerung, denn hier haben die Banken den größten Bedarf an finanzieller Aufklärung diagnostiziert. Große Teile der sozial Schwachen sind heute aus dem regulären Finanzsystem ausgeschlossen. Laut einer Untersuchung der Notenbank fehlen Millionen Amerikanern allein schon die technischen Möglichkeiten, zeitgemäß mit Geld umzugehen: Zehn Prozent der US-Haushalte besitzen noch nicht einmal eine Bankverbindung.

Ausgegrenzt sind vor allem die Armen: Etwa die Hälfte der »unbanked«, wie die Kontolosen in den Vereinigten Staaten genannt werden, muss mit einem Einkommen von weniger als 10 000 US-Dollar im Jahr auskommen. Statt Konten bieten ihnen die Banken allerlei Bildungsprogramme an, in denen sie vor allem das Sparen lernen sollen. Sparen, damit sie sich irgendwann ein Konto leisten können. Bislang sind die Armen nämlich sogar zu arm für Bankgeschäfte und können das für eine Kontoeröffnung notwendige Minimalguthaben und die laufenden Gebühren nicht aufbringen.

Es ist schon verblüffend. Ausgerechnet die mächtige Finanzindustrie der Vereinigten Staaten predigt den Menschen angesichts knapper werdender Kassen nun die neue Enthaltsamkeit. Banken, Versicherungen, Wertpapierhäuser, sie alle haben schon einmal absolute Wahrheiten verkündet. Als in den goldenen neunziger Jahren die Börsen zu immer neuen Höhenflügen ansetzten, waren Aktien ihre Lösung, Shareholder-Value das neue Zauberwort. Doch was viele Banken noch vor wenigen Jahren als ultimatives Mittel zur Altersvorsorge und Absicherung vor finanzieller Not empfahlen, entpuppte sich für große Teile der Bevölkerung als größtmögliche private Katastrophe.

Heute sollen es bunte Broschüren zum Umgang mit Krediten und Appelle zum Sparen sein, die die Zukunft Amerikas sichern. Das könnte theoretisch sogar funktionieren. Dass sich die Amerikaner so hoch verschulden können, liegt daran, dass sie so einfach an Kredite kommen, an Hypothekendarlehen und Kreditkarten, behaupten die beiden amerikanischen Ökonomen Lester Thurow und Robert Heilbroner.

Doch es ist keinesfalls ausgemacht, dass Banken daran wirklich etwas ändern wollen. Schließlich leben sie von den immer höheren Schulden ihrer Kunden.

Banken bilden ihre Kunden nur aus, damit sie mit ihnen noch

mehr Geschäfte machen können. Und dieses Geschäftsinteresse macht sie zu den falschen Anbietern für finanzielle Bildung. Die Banken unterliegen schlicht und einfach ökonomischen Zwängen – und das gleich von zwei Seiten. Auf der einen Seite hängt ihr Wohlergehen daran, dass Menschen sich verschulden. Gerade das Kreditgeschäft mit Privatleuten gilt, nachdem das Investmentbanking zusammenbrach, wieder als lukrative Einnahmequelle. Auf der anderen Seite dürfen ihre Kunden keinesfalls vom Schuldenberg erdrückt werden. Wenn Kreditnehmer ihre Raten nicht mehr zurückzahlen können, muss die Bank die verliehene Summe abschreiben. Will sie hingegen ordentlich wirtschaften und im Kreditgeschäft das große Geld verdienen, hält sie ihre Kunden immer so weit in den Miesen, dass diese Tilgung und Zinsen gerade noch bezahlen können.

Es ist eine Gratwanderung. So drohte Ende 2002 das Risiko, auf faulen Krediten sitzen zu bleiben, zum Beispiel der First Consumers National Bank (FCNB) das Genick zu brechen. Die Bank gehört zum amerikanischen Versandhaus-Konglomerat The Spiegel Group, das wiederum vom Hamburger Katalogkönig Michael Otto kontrolliert wird. Der Hintergrund: Auch bei Spiegel kaufen viele Kunden auf Pump. Um ihnen das Leben nach dem Motto »Heute kaufen, später bezahlen« möglichst angenehm zu gestalten, hatte die FCNB munter Kreditkarten ausgeteilt – vor allem an Kunden mit schlechter Bonität. Das sollte sich rächen. Als immer mehr Kunden ihre Rechnungen nicht bezahlen konnten, ging Spiegel das Geld aus. Um das Unternehmen über Wasser zu halten, musste Otto schließlich einen dreistelligen Millionenbetrag in die Vereinigten Staaten überweisen. Vergebens: Am Ende hatte Spiegel zu hohe Schulden und beantrage Gläubigerschutz.

Broschüren mit Spartipps einerseits, hohe Zinsen für Kredite andererseits – ein gutes Beispiel für die Doppelmoral der Finanzindustrie liefert die Citigroup, einer der größten Geldkonzerne der Welt mit insgesamt mehr als 190 Millionen Kunden. Die zum Konzern gehörende Citibank gründete Anfang 2002 gemeinsam mit der Organisation YMCA im New Yorker Problemstadtteil Harlem ein »Financial Empowerment Program« für Geringverdiener und deren Familien. Bei diesem »Programm zur finanziellen Befähigung« bekommt man ein spezielles Konto. Dieses so genannte »Individual Development Account« (IDA) funktioniert ähnlich wie das vermögenswirksame

Sparen in Deutschland, bei dem sich Arbeitnehmer und Arbeitgeber die Beiträge teilen, das gesparte Geld aber nicht sofort abgehoben werden darf. In den Vereinigten Staaten wird diese Form des Sparplans derzeit vom Staat und von den Banken besonders propagiert. So gibt die Citibank zu jedem gesparten US-Dollar zwei Dollar dazu. Die Bedingung: Wer mitmacht, muss nicht nur die sieben verschiedenen Fortbildungsseminare besuchen, sondern auch ein konkretes persönliches Sparziel angeben – ein Auto zu kaufen, ein Haus zu bauen, sich selbstständig zu machen oder für die Ausbildung zu sparen.

Das Massenproblem finanzieller Dummheit lösen solche Programme nicht. Das »Financial Empowerment Program« der Citibank richtet sich gerade mal an 30 Bewohner von Harlem. Und wie wichtig es für die Citibank ist, dass ihre Kunden Schulden haben, zeigen die Gewinne im Kreditkartengeschäft. Im Jahr 2002 warf es in Nordamerika 2,7 Milliarden US-Dollar ab – ein Plus von 26 Prozent, gespeist aus den Kreditzinsen zigtausender Amerikaner.

Die TCF Financial Corporation aus Minneapolis macht vor, wie sich Bildungsinitiative und Neukundengeschäft ganz wunderbar miteinander verbinden lassen. Mit ihrem Programm »Bank in der Schule« hat sich die TCF den Zugang zu den Klassenzimmern gesichert. Ihre Angestellten erklären Schülern, was Geld ist, wie ein Konto funktioniert, wie man Kredite aufnimmt und spart. Einmal im Monat gibt es an den Schulen sogar den »Tag der Bank«, an dem Schüler bei der TCF ein Sparkonto eröffnen oder Geld auf bestehende Konten einzahlen können. Immerhin 5000 solcher Konten hat die TCF bislang an die fünf- bis siebzehnjährige Kundschaft gebracht. Die kleinen Sparer von heute sind die großen Schuldner von morgen.

Banale Grande

Wenn Banken als Bildungsträger versagen, müssen andere einspringen. Doch was private Initiativen und Organisationen unter finanzieller Aufklärung verstehen, hat bestenfalls Unterhaltungswert. So lernen schon Zehnjährige, wie man ein Großunternehmen auf Rentabilität trimmt, während ihre Eltern mit Spartipps auf Grundschulniveau abgefertigt werden. Ebenso unterschiedlich wie die Anbieter sind die Konzepte. Im Folgenden einige Beispiele aus dem Leben:

Ferien im Börsenzeltlager

Das Leben hat zwei Währungen: Zeit und Geld. Je früher man mit dem Sparen beginnt, desto reicher ist man später. Damit schon Kinder diese Weisheit verinnerlichen, schicken Eltern sie während der Ferien nach Florida ins »Money Camp«, eine Art exklusives Ferienlager für Millionäre ab zehn und solche, die es erst noch werden wollen. Damit sich der Traum erfüllt, muss jedoch erst mal investiert werden. Rund 1 500 US-Dollar kosten die sechs Tage im Camp, Unterkunft im Viersternehotel inklusive.

Während ihre Altersgenossen im Wald zelten und Marshmallows am Lagerfeuer grillen, lernen die Kinder im »Money Camp« die wahren Werte des Lebens kennen. Sie erfahren, wie man aus wenig Geld viel Geld macht: Wie sie die Aufs und Abs der Börse ausnutzen und dem Broker einheizen, damit er seine Aufträge auch so ausführt, wie man es gern hätte. Sie lernen, was Inflation ist, und ebenso, wie man als Unternehmenschef überflüssiges Personal loswird und dadurch eine marode Firma wieder in die schwarzen Zahlen bringt.

Vormittags gibt es Kurse, in denen fast immer die Mitarbeiter lokaler Banken auftreten, danach ist Spiel und Spaß in Palm Beach angesagt. Mit Tennis und Golf lernen die Reichen von morgen die angemessenen Sportarten, ein Limousinenservice fährt sie bei Bedarf zum Shopping in die Stadt und abends legen freundliche Camp-Leiter jedem ihrer Schützlinge noch eine Godiva-Markenpraline aufs Kopfkissen. Als Betthupferl. »Ich möchte später einmal Finanzplaner werden«, zitiert die *Salt Lake Tribune* den zwölfjährigen Nachwuchsmillionär Keith. Der Junge gibt einen eigenen Investment-Newsletter heraus, den sogar schon der Zahnarzt der Familie abonniert hat. Im Gegenzug bekommt Keith kein Geld, sondern alle acht Wochen eine kostenlose Zahnreinigung von Meisterhand.

Den allgemeinen Bildungsnotstand löst das »Money Camp« nicht: Das exklusive Ferienlager ist schließlich nur für Kinder gedacht, die schon reiche Eltern haben und deren größtes Problem darin besteht, noch reicher zu werden. Sie lernen zwar das Instrumentarium des Kapitalmarktes, aber nichts über Ungeduld und Willensschwäche. Die Kinder des »Money Camp« sind die verblendeten Finanzprofis von morgen.

Herbstlicher Horror

Am Vorabend von Allerheiligen werden in den USA üblicherweise die bösen Geister vertrieben. Kinder und Jugendliche verkleiden sich an Halloween als Gespenster, Vampire oder Hexen und ziehen durch die Straßen, um bei Bekannten und Nachbarn allerlei Süßigkeiten einzutreiben. Oder sie treffen sich mit Freunden, um bei Gruseldekoration und ausgehöhlten Kürbissen traditionelle Partys zu feiern.

Was das mit Geld zu tun hat? Für Kinder nicht viel, für deren Eltern sehr wohl, warnt die Verbraucherorganisation Springboard: »Erschrecken Sie sich nicht vor Ihren Halloween-Rechnungen! Der 31. Oktober kann ein gruseliger Tag werden, wenn Ihr Portemonnaie von Geistern und Gespenstern massakriert wird. Geld für Kostüme auszugeben, für Bonbons, Partys und Dekorationen hat schon so manchem Haushalt übermäßig hohe Kosten beschert.« Im Anschluss an die Warnung folgen banale Tipps, wie sich der herbstliche Finanzhorror ebenso einfach wie wirkungsvoll vermeiden lässt. »Überlegen Sie sich vorher, wie viel Geld Sie ausgeben wollen. Kaufen Sie bei den Geschäften ein, die möglichst billig sind, oder nähen Sie Ihre Kostüme selber. Oder planen Sie schon für nächstes Jahr, denn schon kurz nach Halloween werden viele Partyartikel deutlich billiger.« Dass diese Regeln immer gelten – und nicht bloß an Halloween –, verstehen viele Amerikaner nicht. Und verschulden sich dann eben zu Weihnachten.

Erinnerungen an die Grundschule

Wer erwachsene Menschen wie Kinder behandelt, braucht sich nicht zu wundern, wenn seine Ratschläge nicht ankommen. »Der Hund hat meine Hausarbeiten aufgefressen (und andere Entschuldigungen, nicht zu investieren)«, titelt das Informationsheft *Loose Change* der gemeinnützigen Organisation Financial Literacy Center.

Der Inhalt degradiert Erwachsene zu Grundschülern: Natürlich erinnere sich jeder noch an damals, als man immer mit den dümmsten Entschuldigungen ankam, warum man seine Hausaufgaben nicht gemacht hatte und die jeder Lehrer sofort durchschaute. Warum nicht von damals lernen? Vier beliebte Methoden, sich vor dem Sparen zu drücken, hat das Financial Literacy Center ausgemacht – und liefert gleich die passende Gegenstrategie. Gegen die »Ich-habe-kein-Geld-übrig«-Entschuldigung helfe es, morgens auf dem Weg zur Arbeit keinen Kaffee trinken zu gehen, abends seltener in Restaurants zu essen oder sich am Wochenende einen DVD-Spieler zu mieten, statt das teure Kino zu bezahlen. Wer die »Ich-habe-keine-Ahnung-von-Geld«-Ausrede bevorzuge, sollte sich an einen professionellen Berater wenden oder Finanzzeitungen und Wirtschaftsmagazine lesen. Dann werde das Problem ganz schnell verschwinden. Für »Aber-was-ist-wenn-ich-mein-Geld-schnell-brauche«-Frager seien Geldmarktfonds das Richtige, weil sich das dort investierte Kapital – anders als etwa bei Aktienfonds – schnell und risikolos wieder flüssig machen lasse. Und auch die ganz harten Fälle, die sich mit der Begründung »Ich bin zu alt um damit anzufangen« vor dem Sparen drückten, haben beim Financial Literacy Center keine Chance. Es sei nie zu spät, lautet die Losung. Schließlich gehe es um die Zukunft.

Das Highschool-Fiasko

So bleibt in den USA die Schule der einzige Ort, wo finanzielle Bildung umfassend und ohne Rücksicht auf Einkommen und Lebensstandard vermittelt werden kann. »Wenn unsere Kinder keinen ordentlichen Finanzunterricht bekommen, stehen ihnen erdrückende Schulden, eine dürftige Altersvorsorge und sogar der Bankrott bevor«, warnt der amerikanische Finanzprofessor Lewis Mandell von der Universität Buffalo im Bundesstaat New York. Denn was die amerikanischen Schüler heute lernen, hilft ihnen nicht weiter.

Regelmäßig ermittelt Mandell den Wissensstand junger Amerikaner in Sachen Geld. In Multiple-Choice-Tests bittet er die Abschlussjahrgänge verschiedener Highschools – das entspricht etwa den 12. Klassen deutscher Gymnasien –, die richtigen Antworten auf seine Fragen anzukreuzen. Welche Probleme bringt Inflation mit sich? Welche Versicherung springt bei einem Autounfall ein? Und wann hilft eine Schuldnerberatung? Fragen, von denen man annehmen könnte, sie seien nicht allzu schwer zu beantworten. Aber der Eindruck täuscht.

Bei der bislang letzten Umfrage machten die Schüler aus den Abschlussklassen nicht einmal bei jeder zweiten Frage ihr Kreuzchen an die richtige Stelle. Eine dramatisch schlechte Quote, wenn man auf sie den Maßstab anwendet, nach denen Schulnoten üblicherweise vergeben werden. In einer herkömmlichen Klausur gilt die Faustregel: Wer 50 Prozent der Fragen falsch beantwortet, fällt durch. Mandells Finanztest hätte – rein rechnerisch – kein einziger Schüler bestanden. Und die Schüler werden immer dümmer. Nicht allein, dass sie bei der letzten Umfrage nur äußerst dürftige finanzielle Kenntnisse hatten (das war Mandell schon bei früheren Tests aufgefallen) sie wussten auch noch weniger als die Schulabgänger drei Jahre zuvor.

So sind mittlerweile zwei Drittel aller Schüler fest davon überzeugt, es bräuchte sie nicht zu kümmern, wenn ihnen ihre Kreditkarte gestohlen wird. Eine trügerische Vorstellung, denn tatsächlich stehen sie mit 50 US-Dollar pro gestohlener Karte in der Verantwortung. Bei durchschnittlich einem Dutzend solcher Plastikkarten, die ein US-Haushalt mittlerweile sein Eigen nennt, kann das eine beträchtliche Summe werden. Fatalerweise überschätzen die Schüler auch noch ihre finanziellen Kenntnisse: Zwei Drittel von ihnen glauben, dass sie ihre Finanzen voll im Griff haben und sich »sehr gut« auskennen.

Die Studienergebnisse von Lewis Mandell zeigen auch, wie finanzielles Wissen in der amerikanischen Gesellschaft verteilt ist. Der finanziell noch am besten gebildete Schüler ist weiß, männlich und lebt in einer Familie mit einem Haushaltseinkommen von mindestens 80 000 US-Dollar pro Jahr. Wegen der insgesamt äußerst schlechten Testergebnisse bedeutet das aber keinesfalls, dass nicht auch noch an seinem Wissen etwas zu verbessern wäre. Auch die Wohlhabenden sind finanziell längst nicht so aufgeklärt, wie sie es sein sollten.

Viel zu lange haben sich die Amerikaner darauf verlassen, dass Eigenverantwortung zwangsläufig dazu führt, dass sie irgendwann auch den Umgang mit Geld verstehen. Sie haben sich blenden lassen von den Karrieren unzähliger Tellerwäscher, die es aus den Kellern von New York bis in die Villenviertel von Long Island brachten. Doch wer Aktien besitzt, ist noch lange kein Finanzgenie.

In Mandells Studien schneiden Aktionäre unter Schülern genauso schlecht ab wie ihre Mitschüler, die keine Wertpapiere besitzen. Auch eine Kreditkarte ist kein Ausweis finanzieller Intelligenz. Im Gegenteil: Schüler mit Plastikgeld im Portemonnaie wissen viel weniger über Finanzen als ihre mit Bargeld zahlenden Klassenkameraden.

Der Schulunterricht ist katastrophal, weil es an allem mangelt: an ausgebildeten Lehrern, an gutem Unterrichtsmaterial und vor allem am richtigen Inhalt. Trotz zahlreicher Kurse wie »Financial Education« oder »Personal Finance« lernen die Schüler nichts dazu. »Gehen Sie mal in eine staatliche Schule«, spottet der amerikanische Autor und Satiriker Michael Moore. »Mit großer Wahrscheinlichkeit treffen Sie dort überfüllte Klassenzimmer, undichte Decken und demoralisierte Lehrer an. In jeder vierten Schule ›lernen‹ die Schüler aus Lehrbüchern, die in den achtziger Jahren oder noch früher erschienen sind.«

Und noch etwas kommt erschwerend hinzu: Das amerikanische Bildungssystem liefert vornehmlich Tipps für den Einzelfall: dass man beispielsweise im Fast-Food-Restaurant auf den Kaffeebecher schauen soll, ob dort darauf hingewiesen wird, dass der Inhalt heiß ist. Selbstständiges Denken lernt auf diese Weise kein Schüler. Deswegen tappen finanzielle Analphabeten auch immer wieder in die Falle. Wer nur lernt, wie er auf konkrete Situationen reagieren soll, wird scheitern, wenn diese beim nächsten Mal auch nur ein wenig anders aussieht. Was tun, wenn der Dow Jones nicht um 20 Prozent fällt, sondern um ein Fünftel? Und wenn man im Restaurant statt Kaffee einen Becher Tee bestellt? Ist der dann auch heiß?

Eigentlich ist es Sache der Eltern, ihre Kinder auf das Leben vorzubereiten. Auch in Gelddingen. Wenn sie selbst nicht dazu in der Lage sind, könnten sie ihren Kindern wenigstens auf andere Weise weiterhelfen. Indem sie Lehrer und Behörden immer wieder auffordern, den Finanzunterricht zu verbessern. Womöglich kommt ihnen dabei die angespannte Wirtschaftslage zugute. »Der Einfluss der neunziger Jahre schwindet und die Menschen werden mit weniger Geld mehr erreichen müssen«, sagt Mandell. »Das sollte dazu führen, dass sie sich zwangsweise für finanzielle Bildung interessieren.« Rezession macht klug.

Die Vereinigten Staaten erleben, was Deutschland noch bevorsteht: Viele Menschen besitzen Aktien und verstehen trotzdem nichts von Geld. Weil sie so abhängig sind vom Kapitalmarkt, schlägt das Auf und Ab der Börse sofort auf den gefühlten Wohlstand durch und damit auf die gesamtwirtschaftliche Entwicklung. Banken und Versicherer setzen sich zwar für die finanzielle Bildung der Bevölkerung ein, aber denken dabei nur ans eigene Geschäft. Private Initiativen gibt es viele, doch keine einzige von ihnen hält wirklich, was sie verspricht.

Von den USA können die Deutschen lernen, dass finanzielle Bildung nicht von allein kommt. Sie können lernen, wem man sie besser nicht überlässt. Und dass die Schule trotz allem der beste Ort für finanzielle Aufklärung ist.

Kapitel 8
Lernen fürs Leben

Warum wir mehr brauchen
als ein Schulfach Wirtschaft

Sie schlägt auf die Trommel, fünf Mal. Sie ruft: »Minus.« Und schlägt wieder auf das Instrument, drei Mal. Fünf minus drei: Die Kinder von Tisch zwei heben die Hände. Richtig, sagt die Lehrerin und schlägt wieder auf die Trommel, so lange, bis alle Schüler einmal dran waren. Dann geht es los mit Mathe oder Deutsch: Jedes Kind darf selbst entscheiden, was es zuerst macht. Während die einen Rechnen üben und die anderen Schreiben, kommt eine zweite Lehrerin ins Klassenzimmer und hilft den ausländischen Kindern, die dabei Schwierigkeiten haben.

Die deutschen Schulen sind besser als ihr Ruf. Neue Lehrmethoden, individuelle Betreuung, ungewöhnlicher Unterricht – all das findet längst statt. Aber nur in der Grundschule.

Nach der vierten Klasse ist es mit den Innovationen vorbei. In den Hauptschulen, Realschulen und Gymnasien wird immer noch so unterrichtet wie vor zwanzig Jahren. Der Lehrer steht vorn an der Tafel, die Schüler hören zu. »Es existiert wohl kaum ein anderes Berufsfeld, das so unbeschadet und gegen jede Veränderung resistent den Wandel der Zeiten überstanden hat«, sagt Jürgen Kluge, Deutschland-Chef der internationalen Unternehmensberatung McKinsey. »Ein Chirurg würde seinen Operationssaal nach Jahrzehnten nicht wieder erkennen, der Schreiner nicht wissen, wie er heute einen CAD-unterstützten Maschinenpark bedienen sollte.« Nur die Lehrer arbeiten noch so wie ihre Vor-Vorgänger. »Technisches Know-how«, spottet Kluge, werde »beharrlich ignoriert«. Manche Lehrer wüssten nicht einmal, »wie man einen Computer bedient, eine E-Mail verschickt oder eine Adresse im Internet herausfindet«.

Aber es geht nicht nur darum, ob Deutschlands Lehrer E-Mails verschicken können. Es geht darum, dass sich die Gesellschaft in den vergangenen Jahren rasant gewandelt hat, aber dieser Wandel bei vielen Lehrern noch nicht angekommen ist.

Der Umgang mit Geld bestimmt unser Leben stärker als je zuvor. Die Riester-Rente war nur der erste Schritt zu mehr Eigenverantwortung. Immer stärker drängt der Staat seine Bürger zur privaten Vorsorge, informiert sie aber bestenfalls unzureichend über all die neuen Anforderungen. Niemand weiß, wie er sein Geld anlegen soll. Niemand weiß, welche Versicherungen er braucht. Jeder weiß nur, dass er etwas tun muss. Aber niemand weiß, was.

In den Familien wird nicht offen über Geld gesprochen, weil viele Erwachsene selbst nicht damit umgehen können. Die Medien versagen, weil es ihnen nur um Quoten und Auflagen geht. Und in der Schule findet Geld nicht statt.

Dabei kann finanzielle Bildung nur in den Klassenzimmern umfassend und ohne Rücksicht auf Einkommen und Lebensstandard vermittelt werden. Nur dort ist sichergestellt, dass jeder erreicht wird. Später bleibt Bildung den Einzelnen selbst überlassen: Ein Erwachsener kann schließlich allein entscheiden, ob er etwas lernen will oder nicht. Aber mal ehrlich – wie viele von uns gehen schon freiwillig nach der Arbeit zu einem Volkshochschulkurs über private Finanzen?

Natürlich kann man von einem Teenager nicht verlangen, die Details der Riester-Rente auswendig zu lernen, die möglicherweise ganz anders aussieht, wenn er selbst mal das Rentenalter erreicht hat. Wichtiger ist eine grundsätzliche Überlegung: dass es nicht falsch sein kann, einen Menschen so früh wie möglich vor Fehlern zu bewahren, die er ein Leben lang bereuen würde. Ein Staat, der seine Bürger immer stärker zur eigenverantwortlichen Lebensplanung zwingt, sollte so fair sein, ihnen die Fähigkeiten zu vermitteln, die sie dafür brauchen. Auch und gerade den Kindern.

Bereits Mitte der neunziger Jahre ergaben Untersuchungen, dass viele Minderjährige ernsthafte Probleme haben, verantwortungsvoll mit Geld umzugehen. Sechs Prozent aller Jugendlichen sind »kaufsüchtig«, weitere 16 Prozent sind stark gefährdet. Sie gehen nicht shoppen, weil sie Schuhe, Jacken, CDs oder Süßigkeiten wirklich brauchen, sondern ausschließlich, um ihre schlechte Stimmung aufzubessern.

Kinder und Jugendliche sind ein bedeutender Wirtschaftsfaktor. Rund 7,5 Milliarden Euro geben sie jedes Jahr für Computerspiele, Handys, Fahrräder oder Spielzeugautos aus. Und sie beeinflussen ihre Eltern zum Beispiel – wenn es um einen neuen Fernseher geht, ein neues Auto oder den Urlaubsort. Wer einmal einen quengelnden Zwölfjährigen am Esstisch erlebt hat, weiß genau, wie gut Kinder ihre Eltern im Griff haben. Aus Sicht der Unternehmen gilt deshalb die Parole: Nie war Nachwuchs so wertvoll wie heute.

Was mit Taschengeld, bezahlten Ferienjobs und Geldgeschenken zum Geburtstag beginnt, wird früher oder später durch allerlei Finanzprodukte abgerundet. Zwei Drittel aller Kinder und Jugendlichen besitzen Sparbücher oder Girokonten – und selbst der Börsenboom Ende der neunziger Jahre ist an ihnen nicht spurlos vorbeigegangen. Innerhalb von zwei Jahren ist die Zahl der jugendlichen Aktionäre und Fondsbesitzer um 50 Prozent gestiegen. Minderjährige müssen lernen, mit ihren neuen Möglichkeiten verantwortungsvoll umzugehen. Aber woher sollen sie wissen, wie? Oft beginnt schon in der Kindheit der Weg in ein Leben auf Pump. »Heute haben bereits 20 Prozent der Jugendlichen im Westen und 14 Prozent der Jugendlichen im Osten Schulden«, heißt es im Ersten Armuts- und Reichtumsbericht der Bundesregierung. »Bei Eintritt in die Berufstätigkeit und Vollendung des 18. Lebensjahres steigt die Schuldenhöhe junger Menschen, da sie nun auch von den Banken Kredite erhalten.«

Nur wenn die Schulen unsere Kinder richtig aufs Leben vorbereiten, können sie später auf sich selbst aufpassen. Denn das Gesetz schützt sie nicht.

Eigentlich dürften Minderjährige ja gar keine Schulden haben. Wollen Kinder oder Jugendliche auf Pump einkaufen, brauchen sie nicht nur das Einverständnis ihrer Eltern, sondern zusätzlich die Genehmigung des Familiengerichts. Und wohl kein Gericht der Welt würde genehmigen, dass der Nachwuchs seine Play Station über den Hauskredit von Karstadt finanziert. Doch darum ist es dem Gesetzgeber gar nicht gegangen. Durch die Vorschrift sollen Kinder vor allem vor ihren eigenen Eltern geschützt werden. Diese sollen nicht im Namen ihrer zehnjährigen Söhne und Töchter Kredite aufnehmen können und ihnen dann zur Volljährigkeit die Rechnung der Banken präsentieren. Der Nachwuchs hätte keine Chance auf ein schuldenfreies Leben. Die Konsequenz dieser Regelung: Kein Jugendlicher muss Geld, das er sich – von wem auch immer – geliehen hat, jemals wieder zurückzahlen. So weit die Theorie.

In der Realität sieht das ganz anders aus. Ein Junge, der sich von seinen Mitschülern Geld pumpt, um sich eine neue Jacke zu kaufen, die ihm seine Eltern nicht bezahlen können, wird alles tun, um das Geld zurückzugeben. Oder sollte er in der großen Pause etwa behaupten, aus juristischen Gründen bräuchte er seine Schulden nicht zurückzuzahlen? Das dürfte ihm neben verständnislosen Blicken auch eine gebrochene Nase einbringen. So weit die Praxis.

Auch Banken haben Minderjährigen schon EC-Karten gegeben, mit denen diese ihr Girokonto überziehen konnten – höchst inoffiziell natürlich, weil sie ganz genau wissen, dass ein Konto im Minus juristisch gesehen das Gleiche ist wie ein Kredit. Ignorieren Finanzinstitute das Gesetz, dann meistens, weil die Eltern der Jungkonsumenten schon jahrelang gute Kunden sind und im Notfall auch mal den Saldo ausgleichen, wenn die Sprösslinge mehr ausgeben, als sie auf dem Konto haben.

Wer schon als junger Mensch ständig in den Miesen ist, hat gute Chancen, später zu denen zu gehören, die überschuldet sind. Schon heute können 2,8 Millionen deutsche Haushalte ihren Zahlungsverpflichtungen nicht mehr nachkommen. Arbeitslosigkeit, Scheidung und schlichtes Unwissen im Umgang mit Geld lösen eine Schuldenspirale aus. Fallen die gewohnten regelmäßigen Einnahmen weg, sind es vor allem nicht bezahlte Mieten, Telefon- und Stromrechnungen sowie die Raten für allerlei Darlehen, die uns ins finanzielle Chaos stürzen. Nur ein paarmal die Raten nicht gezahlt, wird man bei der Schufa registriert. Jede Bank oder Sparkasse in Deutschland fragt bei dieser riesigen Datenbank nach, bevor sie neue Kredite vergibt. Wer bei der Schufa als säumiger Schuldner registriert ist, kann sicher sein, im ganzen Land keinen Cent mehr zu bekommen. Damit aber beginnt ein verhängnisvoller Kreislauf. Wer auf reguläre Weise kein Darlehen mehr bekommt, gerät schnell in Versuchung, mit einem Kredithai ins Geschäft zu kommen, der noch höhere Zinsen verlangt. Viele finden erst dann den Weg zu einer Schuldnerberatung, wenn es gar nicht mehr anders geht. Bei jedem Fünften sind dann schon Verbindlichkeiten von mehr als 50 000 Euro aufgelaufen.

Das alles müssen wir wissen, wenn wir in der modernen Gesellschaft mit Geld umgehen wollen. Wir müssen uns bewusst machen, welche Folgen es hat, Schulden zu haben – und wer daraus seinen Profit schlägt. Wir müssen es früh lernen, weil heute schon Kinder mit Geld in Berührung kommen. Deshalb gehört finanzielle Bildung ganz einfach in die Schule. Doch Geld ist ein Tabu; niemand gibt zu, von Geld keine Ahnung zu haben – daher fehlt auch der breite gesellschaftliche Konsens, so früh wie möglich etwas gegen unsere Ahnungslosigkeit zu tun. Im Gegenteil: Gibt es nur den Hauch eines Ansatzes, das Thema Geld in die Schule zu tragen, sind sofort die Chefideologen zur Stelle und warnen vor einer feindlichen Übernahme der Klassenzimmer durch das Großkapital.

Nichts zu tun ist allerdings genauso verkehrt wie ideologisch zu mauern. Dann werden wir nie lernen, mit Geld richtig umzugehen. Und werden das bleiben, was wir sind: finanzielle Analphabeten.

Die Kasse in der Klasse

Einmal im Jahr kümmert sich die Sparkasse Heidelberg um die Kleinsparer. Dann schickt sie zwei Angestellte in die städtische Grundschule zu den Sechs- bis Zehnjährigen, die an diesem Tag ihre Spardosen und Sparbücher mitbringen. In einer der Schulstunden traben die Knirpse mit ihrem Geld unter dem Arm zu den Herren von der Kasse. Aus ihren Münzen wird dann eine Zahl im Sparbuch, aber das interessiert in diesem Alter noch die wenigsten. Viel wichtiger ist die kleine Belohnung, die jedes Kind mit einem Sparbuch der Sparkasse Heidelberg anschließend bekommt: einen Radiergummi zum Beispiel. Oder ein Lineal. Pech für die anderen, die von ihrer Oma bei der Postbank oder einem anderen Geldinstitut untergebracht wurden: Sie gehen leer aus – und schauen in der Pause dann mit großen Augen auf die Geschenke der Kassen-Kinder. »Natürlich kommen die Mitarbeiter der Sparkasse auch deswegen in die Schule, damit die anderen Kinder genau das sehen können«, sagt die Rektorin. »Das übt schon einen gewissen Druck aus, wenn einige Kinder miterleben, dass die anderen ein Geschenk bekommen und sie nicht.« Vielleicht setzen die Kleinen dann zu Hause ja etwas mehr daran, ebenfalls ein Sparbuch zu bekommen. Natürlich von der Sparkasse.

Für die Banker ist ein Tag in der Schule ein Tag im Paradies. Schließlich haben sie ein wirtschaftliches Interesse daran, junge Menschen schon so früh wie möglich an sich zu binden. In der Finanzwelt gibt es so etwas wie eine Binsenweisheit: Die Deutschen wechseln ihre Kontoverbindung so gut wie nie. Einmal Sparkasse, immer Sparkasse – einmal Postbank, immer Postbank. Kein Wunder, denn der Aufwand bei einem Bankwechsel schreckt ab. Arbeitgeber, Versicherungen, Sportverein und Telefongesellschaft müssen informiert werden, damit Überweisungen und Einzüge auch künftig funktionieren. Für die Miete oder den monatlichen Sparplan müssen neue Daueraufträge eingerichtet werden, man bekommt eine neue Kreditkarte, eine neue Kontonummer und neue Geheimzahlen. Das nervt, und genau deswegen gilt: Je früher ein Kunde kommt, desto höher sind die Chancen für die Bank, dass er sein Leben lang bleibt. Irgendwann werden auch die Kinder von heute erwachsen sein und vielleicht einmal einen Immobilienkredit brauchen. Wer sie früh zu Kunden macht, kann Jahrzehnte lang an ihnen verdienen.

Banker in der Schule? Für viele Eltern ist das ein Horror. Mehr als 60 Prozent lehnen es ab, dass Bankangestellte im Unterricht der Kinder auftreten. Die Lehrer dagegen sind dafür sogar dankbar. Manche Frage der Kinder können auch sie nicht beantworten. Und in den meisten Schulbüchern kommt der Umgang mit Geld nicht vor. Die Banken haben das erkannt und versorgen die Klassenzimmer der Republik mit pädagogisch angehauchten Postern und Broschüren. Das Material der Finanzhäuser sei von den Lehrern »kaum zu überbieten«, kritisiert Udo Reifner, Wirtschaftsprofessor und Chef des Hamburger Instituts für Finanzdienstleistungen.

Kaum ein anderer Geldkonzern hat den Markt der jungen Kunden so fest im Griff wie die Sparkassen-Organisation. Das rote S-Logo ziert die Hausbank jedes zweiten Deutschen zwischen 13 und 20 Jahren. Nur jeder fünfte Teenager ist bei einer Volks- und Raiffeisenbank; private Institute spielen sowieso kaum eine Rolle. Es ist der persönliche Kontakt, mit denen die Kassen Kasse machen. Die meisten Dörfer und Kleinstädte, in denen Großbanken wie die Deutsche, Dresdner, Commerz- oder HypoVereinsbank niemals eine Filiale aufmachen würden, sind fest im Griff der Sparkassen. Ihre räumliche Nähe zu den Schulen ist ihnen dabei mindestens so nützlich wie der Jahrzehnte lang gepflegte Draht in die Lehrerzimmer – den so genannten Sparkassen-Schulservice gibt es schon seit mehr als einem Vierteljahrhundert. Die Mitarbeiter des Beratungsdienstes werden von Schulen gebucht und erklären den Kindern auf Wunsch persönlich, wie Bankkarten und Überweisungsformulare funktionieren und wozu Kontoauszüge gut sind.

Für jedes Alter hat die Sparkasse etwas parat: Radiergummis und Lineale für die Jüngsten, das Planspiel Börse für ältere Schüler. Ihr Konzept ist so erfolgreich, dass es mittlerweile von vielen Banken, Unternehmen, Medien und Internetdiensten kopiert wird. Wer mitspielt, erhält ein fiktives Wertpapierdepot und ein ebenso fiktives Startkapital. Innerhalb einer bestimmten Zeit – meist ein paar Monate – gilt es, den Wert des Depots zu steigern. Aktien, Optionsscheine – alles ist möglich. Am Ende gewinnt, wessen Vermögen am stärksten gewachsen ist.

Doch Börsenspiele zeigen nur die halbe Wahrheit. Wegen ihrer kurzen Laufzeit animieren sie zum Zocken und nicht dazu, Aktien als langfristige Investition zu sehen. Nur der Sieger bekommt einen Preis. Wer mit seinem Depot am Ende der Spielzeit viel Geld verzockt hat, bekommt nichts. Noch nicht einmal gute Ratschläge.

Gedanken müssen sich die Verlierer schon selbst machen. Zum Beispiel darüber, welche Folgen es hätte, wenn die roten Zahlen nicht Fiktion wären, sondern Wirklichkeit. Was hätte das für Konsequenzen? Wie würde sich das eigene Leben verändern, wenn sie die Aktien – wie so viele Anleger in der Realität – auf Pump gekauft hätten? Würden es die Banken ernst meinen, müssten sie nicht Börsenspiele anbieten, sondern Entschuldungsspiele, bei denen Schüler fiktive Schulden möglichst sinnvoll abtragen müssen. Das wäre angemessen: Zwar besitzen in Deutschland fast fünf Millionen Menschen Aktien und sechs Millionen immerhin Anteile an Aktienfonds. Aber 6,5 Millionen Haushalte sind hoch verschuldet.

Die Banken kümmert das nicht. Ausdrücklich »spielerisch« wollte zum Beispiel die Deutsche Bank im Jahr 2001 ihrer jungen Zielgruppe den Umgang mit Geld vermitteln – mit einem virtuellen Taschengeldkonto im Internet. Darauf konnten Eltern das Geld einzahlen, das ihre Kinder in einem bestimmten Online-Kaufhaus wieder ausgeben sollten. Offenbar war das Angebot – Disney-Devotionalien, bonbonfarbene Gameboys oder Literatur wie *Die Nacht der Weißwurstvampire* – nicht ganz nach dem Geschmack der jungen Kundschaft. Nach nur wenigen Monaten sperrte die Deutsche Bank die virtuellen Konten wieder, mangels Nachfrage. Man wolle, so die Begründung der Bank, den Kindern künftig auf andere Weise den Umgang mit Geld vermitteln. Wiederum »spielerisch« natürlich.

Kleine Volks- und Betriebswirte

Ende der neunziger Jahre war die Stunde der Aktienlobby gekommen. Als die Kleinanleger der Republik noch große Träume hatten, legte das Deutsche Aktieninstitut (DAI) in Frankfurt am Main ein brisantes Papier vor. Sein Titel: *Memorandum zur ökonomischen Bildung.* Sein Inhalt: ein Plädoyer für ein eigenständiges Schulfach Wirtschaft.

Der Aufschrei war groß. Die Elternvertreter fürchteten den Ausverkauf klassischer Bildungsideale, die Lehrer sowieso. Shareholder-Value statt Schiller? Dividendenrendite statt Dürrenmatt? So etwas durfte nicht sein. Ähnlich ablehnend reagierten die Kultusbürokraten und Ministerpräsidenten der Bundesländer, wenn auch mit anderen Argumenten. Wirtschaft in der Schule? Das brauchen wir nicht, das haben wir schon. »Der Kontakt der Schule mit der Wirtschaft und mit der Arbeitswelt« sei »fest etabliert«, hieß es zum Beispiel aus Bayern. Und in Nordrhein-Westfalen waren die Behörden stolz darauf, dass »wirtschaftliche Inhalte bereits in der Grundschule im Sachunterricht dargestellt« werden.

Stopp!

Es geht nicht um Börse – oder darum, wie man reich wird. Es geht auch nicht darum, Schiller abzuschaffen oder Dürrenmatt, also die klassischen Bildungsideale zu verraten. Aber was in deutschen Klassenzimmern derzeit unter dem Deckmantel Wirtschaft stattfindet, hilft niemandem. »Insgesamt macht der Unterricht, in dem Geld explizit eine Rolle spielt, wahrscheinlich kaum mehr als ein Prozent der Allgemeinbildung in der Schule aus«, sagt Udo Reifner vom Hamburger Institut für Finanzdienstleistungen. Nicht einmal die wirtschaftlich ausgerichteten Fächer, in denen finanzielle Themen am ehesten eingebaut werden könnten, berücksichtigen sie in nennenswertem Maße. Schon allein deshalb, weil diese Fächer völlig zersplittert sind.

Die Hauptschulen kümmern sich vor allem um Arbeitslehre. Diese soll Schüler möglichst gut auf einen Einstieg ins Berufsleben vorbereiten. In Baden-Württemberg wird »Wirtschaftslehre/Informatik« gelehrt, in Berlin »Arbeitslehre und Weltkunde« und in Schleswig-Holstein »Wirtschaft/Politik und Hauswirtschaft«. In Bayern werden die Kinder mit einer Wochenstunde Unterricht abgespeist, in Rheinland-Pfalz sind es drei. Ähnlich konfus geht es an den Realschulen zu. In Bayern (»Wirtschafts- und Rechtslehre«) und Sachsen-Anhalt (»Lernbereich Wirtschaft-Technik«) ist Ökonomie Pflicht, in Rheinland-Pfalz können die Schüler selbst wählen, wie viel Wirtschaft sie haben wollen.

Noch größer sind die Unterschiede an den Gymnasien. So ist in Bayern die »Wirtschafts- und Rechtslehre« ein Pflichtfach, und zwar in jeder Klassenstufe, während in Schleswig-Holstein »Wirtschaft/ Politik« nur in der Oberstufe angeboten wird. Baden-Württemberg beschränkt sich auf »Gemeinschaftskunde«, Berlin auf »Sozialkunde«, wo wirtschaftliche Themen ein Drittel der Unterrichtszeit ausmachen.

Bei Mathe und Deutsch dagegen gibt es dieses Chaos nicht. Im Fach Mathematik zum Beispiel sind die vier Grundrechenarten ein Muss. Weil es gesellschaftlich völlig anerkannt ist, dass man sich ohne mathematische Bildung in der Welt nicht zurechtfindet: Wer nicht einmal sein Wechselgeld nachzählen kann, wird schon vom Busfahrer betrogen, wenn er sich ein Ticket für die Fahrt in die Innenstadt kauft. Im Deutschunterricht wiederum beschränkt sich keine Schule des Landes darauf, den Kindern nur deutschsprachige Filme oder Hörspiele vorzuführen und anschließend darüber zu diskutieren. Jeder muss selbst lesen und schreiben können, sonst wird es nie etwas mit dem Ausbildungsplatz, und selbst der Papierkram vom Arbeitsamt ist nicht zu bewältigen. Für Analphabeten ist die moderne Gesellschaft ein Horror.

Für finanzielle Analphabeten ist sie es auch. Doch die Schulen unterrichten weiter, als ob sie die Realität nichts angehe.

Katharina Buck-Gramcko lebt in Hamburg und macht bald Abitur. Die 18-Jährige ist eine der wenigen, die Wirtschaft sogar im Leistungskurs lernen. Zweieinhalb Jahre ist Zeit für ein Unterrichtsprogramm mit anspruchsvollen ökonomischen Fragestellungen, die jedem Wirtschaftsstudenten Ehre machen würden. »Einführung in die doppelte Buchführung« steht auf dem Lehrplan des Gymnasiums Eppendorf, ebenso »Statische und dynamische Investitionsrechnung« sowie »Multiplikator- & Akzeleratorprozesse« und »Bestimmungsfaktoren für Konsum- & Investitionsentscheidungen« in der Keynesschen Theorie«.

Katharina Buck-Gramcko weiß nicht so recht, was sie davon halten soll. Sie interessiere sich zwar besonders für »gesamtwirtschaftliche

Zusammenhänge«, sagt sie. »Dagegen erscheinen mir betriebswirtschaftliche Rechnungen, wie zum Beispiel die Buchführung, recht unwichtig.« Läuft der Unterricht wie geplant, hat Katharina nach zweieinhalb Jahren zwar alles über den Einsatz geldpolitischer Instrumente gelernt – aber nicht, wie sie mit ihrem Geld umgeht.

Tatsächlich können sich die wenigsten Schüler mit dem Stoff anfreunden, den ihnen die Lehrer vorsetzen. Zwar halten zwei Drittel von ihnen internationale Wirtschaftsbeziehungen für »interessant« oder »sehr interessant«, belegt eine Untersuchung der Bertelsmann-Stiftung. Aber schon an zweiter Stelle der Beliebtheitsskala steht die Rolle des privaten Haushalts – und darüber wird an den Schulen fast gar nicht gesprochen. Und wenig abgewinnen konnten die Jugendlichen den Themen, die sich mit einzelnen Unternehmen oder der Rolle des Staates beschäftigten.

Die Schulen erziehen am Leben vorbei. Statt die Schüler in Sachen Geld auf die Zukunft vorzubereiten, bilden sie allenfalls kleine Volks- und Betriebswirte aus. Die wissen dann alles über das Stabilitätsgesetz von 1967, kennen die Machtverteilung zwischen Arbeitgebern und Gewerkschaften und beherrschen die Deckungsbeitragsrechnung I und II. Aber wie sie ihre persönlichen Finanzen in den Griff bekommen? Oder welche Gefahren beim Umgang mit Geld lauern? Das haben sie nicht gelernt.

Es ist schon paradox: Wer eine Fahrschule besucht, lernt die Verkehrsregeln ja auch nicht anhand des Bundesverkehrswegeplans, sondern anhand von konkreten Alltagssituationen. Wo muss ich halten? Wann darf ich wie schnell fahren? Wer hat wann Vorfahrt? Der Grund ist klar: Wir alle fürchten die Gefahr, wenn unkontrollierte Rowdys über die Straßen rasen, weil bei Verkehrsunfällen so viel passieren kann. Gesellschaftliche Kosten nennen das die Ökonomen, und deshalb ist es gut, wenn der Staat aufpasst und für Autofahrer eine solide Ausbildung vorschreibt. Allerdings: Auch finanzielle Analphabeten verursachen gesellschaftlichen Kosten – nur werden die noch gar nicht erkannt. Wenn künftig immer mehr Menschen arm in Rente gehen, weil sie falsch oder gar nicht fürs Alter vorgesorgt haben, muss am Ende doch der Staat für sie zahlen. Und damit wir alle.

Die Unternehmer kommen

Dass sich an den Schulen etwas tun muss, hat am ehesten noch die Wirtschaft erkannt. Unternehmen, Verbände und firmennahe Stiftungen bombardieren die Kultusminister mit Arbeitspapieren und Reformvorschlägen. Sie alle haben zwei Dinge gemeinsam: Sie haben nur die eigenen Interessen im Blick. Und sie definieren Wirtschaft zu eng.

Schüler wüssten zu wenig über das Arbeitsleben, heißt es; manche nicht einmal, wie man eine Bewerbung um einen Ausbildungsplatz schreibt. Schon an den Grundlagen hapere es, Kenntnisse der Realität in den Unternehmen seien überhaupt nicht vorhanden. Manchmal wird eindringlich gemahnt, dass nun schnell gehandelt werden müsse, und ab und zu fällt auch mal der Satz, ohne ökonomische Bildung sei der Standort Deutschland in Gefahr. Das mag alles richtig sein, ist aber nur ein Teil des Problems. Und zwar der weitaus kleinere.

Die Unternehmensberatung Boston Consulting Group (BCG) will »die Zukunft bilden« und durch ihr gemeinsam mit Lehrern veranstaltetes Projekt »business@school« hauptsächlich kindlichen Unternehmergeist fördern. Schließlich seien die Kinder von heute die Existenzgründer von morgen, erklärt ein Beteiligter. »Das Ziel ist, dass Schüler einen Businessplan erstellen, mit dem sie zu ihrer Sparkasse gehen und fordern können: Gebt uns Geld dafür!« Seit Ende der neunziger Jahre läuft business@school in den Oberstufen deutscher Gymnasien. Rund 3 500 Schülerinnen und Schüler haben bislang mitgemacht und innerhalb eines Jahres die dreiteilige Aufgabe der Berater gelöst: In der ersten Phase analysieren sie in kleinen Gruppen die Stärken und Schwächen von Großkonzernen wie Volkswagen oder der Lufthansa. In der zweiten Phase wird ein Kleinunternehmen aus der eigenen Umgebung unter die Lupe genommen. So haben die Schüler ermittelt, wie ein marodes Programmkino wieder in die schwarzen Zahlen kommen kann, welche Werbung für das Fahrradgeschäft in einem Villenvorort sinnvoll ist und wie ein Bio-Hofladen seine vierprozentige Umsatzrendite zu steigern vermag. In der dritten Phase entsteht die eigene Geschäftsidee, zum Beispiel ein Bistro für gesunde Ernährung oder das »Easy Check-in«-Konzept, bei dem die Koffer von Flugreisenden schon einen Tag vor der Abreise von zu

Hause abgeholt werden. Schüler aus Heidelberg haben ihre Idee sogar in die Praxis umgesetzt und einen eigenen Schulkiosk aufgemacht.

»Wirtschaft kann nur verstehen, wer auch ihre treibenden Kräfte versteht – und das sind die Unternehmen«, sagt Dieter Heuskel, Deutschland-Geschäftsführer der BCG in Düsseldorf. »Wer nicht versteht, woher sein Geld kommt, kann auch nicht wissen, was er damit tun soll.« Die anerkannte Bildungsforscherin Birgit Weber ist skeptisch. Wenn Unternehmensberater oder Manager bestimmen, was in der Schule gelehrt wird, seien bisweilen »Interessengeleitete Argumentationen« im Spiel, warnt sie. Zum Beispiel, wenn die Betriebswirte die staatliche Regulierung geißeln oder die angeblich überzogene Versorgungsmentalität der Deutschen beklagen. So Recht die Bildungsforscherin damit hat, das Problem ist noch viel gravierender: Betriebswirte bilden eben nur Betriebswirte aus. Den richtigen Umgang mit Geld im Alltag lernen wir von ihnen nicht.

Seit einen halben Jahrhundert schon, behauptet die Bundesarbeitsgemeinschaft Schule Wirtschaft (BUAG), treibe sie die ökonomische Aufklärung voran. Die beim Institut der deutschen Wirtschaft Köln angesiedelte Initiative kümmert sich vor allem um die Fortbildung von Lehrern und organisiert Betriebsbesichtigungen. Erreicht hat sie wenig.

Man habe seit Mitte der fünfziger Jahre ein Netz aus 450 Arbeitskreisen in der ganzen Republik geknüpft, das Bildungsangebote für Lehrer aller Schulformen bereitstellt, lobt sich die Arbeitsgemeinschaft selbst. »Die Erfolge der BUAG und aller Beteiligten können sich sehen lassen.« Rund 80 000 Lehrerinnen und Lehrer, so die Eigenwerbung, »nehmen pro Schuljahr an den jährlichen Fort- und Weiterbildungsveranstaltungen teil – mit wachsendem Interesse und Zulauf.« Als ob Fortbildungsversuche und Betriebsbesichtigungen bisher wirklich geholfen hätten.

Man kann sich schon vorstellen, wie eine typische Betriebserkundung abläuft, entweder unter Lehrern oder wenn Lehrer mit Schülern unterwegs sind. Ziel der Reise wird wohl ein mittelständisches Unternehmen in der näheren Umgebung sein. Und dann wird knallhart fortgebildet: Der Chef kommt rein, begrüßt seine Gäste und führt sie durch ein paar Räume voller Computer oder einen Maschinenpark, in dem irgendetwas montiert wird. Anschließend treffen sich alle in einem Konferenzraum, wo jeder die Möglichkeit hat, Kekse zu essen und Fragen zu stellen. Wie viele Leute arbeiten hier? Bilden Sie auch aus? Nach drei Stunden ist man wieder draußen. Und hat wahrscheinlich immer noch nicht ganz begriffen, was denn nun Wirtschaft eigentlich ist und wie sie funktioniert.

Die BUAG findet Betriebsbesichtigungen sinnvoll. Schließlich sei es wichtig, Schülern und Lehrern durch Gespräche mit Geschäftsführern, Personalleitern und Betriebsräten deutlich zu machen, wie Produktion und Verwaltung ablaufen. Doch warum wir alle so große Probleme haben, mit Geld umzugehen, erfahren sie dabei nicht.

Geht es nach den großen und einflussreichen Stiftungen in Deutschland, kommt demnächst noch sehr viel mehr Volks- und Betriebswirtschaft auf Lehrer und Schüler zu. Geradezu erschlagend ist der Bildungskanon, den die Bertelsmann-Stiftung, die Heinz-Nixdorf-Stiftung und die Ludwig-Erhard-Stiftung gemeinsam erarbeitet haben. Ihr Projekt »Ökonomische Bildung Online« – wissenschaftlich begleitet vom Institut für ökonomische Bildung an der Universität Oldenburg – ist der derzeit umfangreichste Versuch, Lehrer aus ganz Deutschland auf den aktuellen Stand der Wirtschaftswissenschaften zu bringen. In einem halben Dutzend Bundesländern laufen bereits Pilotphasen, um Pädagogen über das Internet für den Ökonomieunterricht der Zukunft fortzubilden.

Der vorgesehene Stoff allerdings fordert sogar gestandene Wissenschaftler. Von »Ordnungsökonomik« über »Geld- und Währungspolitik« bis hin zur »Finanzwirtschaft des Unternehmens« stehen 67 verschiedene Lerneinheiten bereit, mit denen sich Lehrer beschäftigen sollen. »Der Betriebliche Leistungsprozess« gehört ebenso dazu wie Kenntnisse über »Transformationsökonomien«, »Volkswirtschaftliche Gesamtrechnung« und die »Geschichte der ökonomischen Lehrmeinungen«. Damit ist die Fortbildungsinitiative fast schon ein eigener Studiengang.

Natürlich sind nicht sämtliche Elemente aus der »Ökonomischen Bildung Online« verbindlich. Kein Lehrer muss das ganze Programm absolvieren, kein Schüler muss das alles lernen. Doch bereits die Auswahl der Lerneinheiten zeigt, was nach Ansicht der Wissenschaftler aus Oldenburg und der großen deutschen Stiftungen zur Allgemeinbildung gehört – und was nicht. Volks- und Betriebswirtschaft sowie Wirtschaftpolitik sind die Gebote der Stunde. Und das ist ein Fehler. Der Bezug zum alltäglichen Leben ist die Ausnahme; weniger als ein

Zehntel des Programms hat mit praktischem Umgang mit Geld zu tun. Besser wäre eine finanzielle Allgemeinbildung, die »an der eigenen Lebenswelt ansetzt«, fordert Edda Müller, Chefin des Bundesverbandes der Verbraucherzentralen in Berlin. Das Bildungsprojekt der Stiftungen ist dafür nicht geeignet.

Sich gegenseitig helfen

So eigennützig und beschränkt die zahlreichen Initiativen aus der Privatwirtschaft für eine bessere ökonomische Bildung auch sind: Es gibt durchaus Ansätze, die die Schulen übernehmen sollten.

Die Boston Consulting Group propagiert mit business@school eine neue Form des Lernens, weg vom schematischen Frontalunterricht, bei dem die Lehrer immer nur vor der Klasse stehen. Stattdessen arbeiten Schüler in kleinen Gruppen an ihren eigenen Projekten, und das mit vollem Einsatz. Am Wochenende hecken sie neue Strategien aus und veranstalten Umfragen in der Fußgängerzone, um den Sinn ihrer Geschäftsidee abzuklopfen. Mit klassischem Unterricht, bestätigen Lehrer, habe man das nie erreichen können.

Warum geht das nicht bei Geld? Die Schüler könnten doch eine kleine Bank gründen und die Rollen von Kunden und Beratern übernehmen, mit all ihren Interessen und Problemen. Sie könnten Haushaltspläne aufstellen und in Fußgängerzonen die Passanten befragen, welche typischen Fehler sie beim Umgang mit Geld schon gemacht haben. Kurz gesagt, sie könnten sich gegenseitig helfen.

Auch Fortbildungen sind grundsätzlich eine gute Sache – wenn man sie richtig macht. Denn Lehrer sind für einen verbrauchernahen Finanzunterricht überhaupt nicht ausgebildet. Ihr eigenes Alltagswissen reicht in keinem Fall, selbst wenn sie eine Haftpflichtversicherung fürs Auto haben und gerade den Kredit fürs Reihenhaus abbezahlen. Es kommt ja auch niemand auf die Idee, dass jeder, der rechnen oder schreiben kann, bereits Mathematik oder Deutsch unterrichten darf.

Im Studium wird den meisten Lehrern nicht einmal allgemeines Wirtschaftswissen vermittelt. Ökonomie findet nur in den sozialwissenschaftlich angehauchten Studienfächern statt – und auch dort nur am Rande. Stattdessen dominieren politische Inhalte, wie Bildungsforscherin Birgit Weber herausgefunden hat. »In diesen Fächern reicht ein Leistungsnachweis im Grundstudium, womit die Kandidaten sich ihrer ökonomischen Pflichten entledigen können«, sagt sie. Die wirtschaftliche Ausbildung von Lehrern in den einzelnen Bundesländern ist ebenso unterschiedlich wie die Qualität des ökonomischen Unterrichts an den Schulen.

Außerdem enthält ein am Verbraucher ausgerichteter Unterricht nicht nur wirtschaftliche, sondern auch juristische Elemente. Dürfen Schüler Kreditkarten bekommen? Was gilt, wenn die Handyrechnung zu hoch ist? Kann man aus einer Lebensversicherung jemals wieder aussteigen? Sollen Lehrer deswegen jetzt auch noch Rechtswissenschaften studieren? Nein. Dass Schüler nicht das komplette Universum der Volkswirtschaft, der Betriebswirtschaft und der Rechtswissenschaft zu kennen brauchen, steht fest. Lehrer brauchen das auch nicht. Sie entsprechend fortzubilden reicht. Allerdings nicht so, wie es die Bundesarbeitsgemeinschaft Schule Wirtschaft macht: Betriebsbesichtigungen und Wirtschaft zum Anschauen sind zu wenig.

Zu viel hingegen ist, was die Stiftungen mit ihrem Projekt »Ökonomische Bildung Online« den Lehrern zumuten. Diese fühlen sich ohnehin schon mit all den Ansprüchen überfordert, die die Lobbyisten der Schulökonomie an sie stellen. Man kann den 67 Teile umfassenden VWL-Kanon nicht einfach nebenher pauken; schließlich unterrichten die Lehrer tagsüber auch noch Deutsch, Englisch oder Mathematik, müssen diese Schulstunden vorbereiten und Klassenarbeiten korrigieren. Dass die Lehrer überlastet sind, haben Bertelsmann-, Nixdorf- und Erhard-Stiftung sogar selbst herausgefunden: Zwei Jahre lang forschten sie an den Oberstufen von sieben Gymnasien in Nordrhein-Westfalen, wie ein Lehrangebot für Ökonomie im Rahmen des Fachs Sozialwissenschaften aussehen könnte. Im Sommer 2002 präsentierten sie ihren Abschlussbericht, in dem auch Lehrer zu Wort kamen. Das Ergebnis: Märkte und Preise, Tarifpolitik, Regulierung und Deregulierung, Geldpolitik, Globalisierung und Bilanzkunde sind alles wichtige Themen. Aber so viel passt in keinen Pädagogenkopf und in keinen Stundenplan.

Deshalb kann es nicht darum gehen, einfach immer mehr Stoff in die Schulen zu tragen. Wir alle verstehen zu wenig von Geld und machen beim Umgang mit Geld immer wieder Fehler. Um das zu ändern, müssen wir die Menschen da erreichen, wo wir es noch können. Wenn die Familien versagen, muss uns die Schule aufs Leben vorbereiten. Doch dazu brauchen wir keine neuen Fächer. Nur andere.

Der Koch und die Kinder

Axel Heldmann betritt ein Klassenzimmer grundsätzlich nur in Uniform: mit weißer Hose, weißer Jacke, weißer Mütze. Und mit Kochlöffel. Axel Heldmann aus Stuttgart ist unterwegs in kulinarischer Mission – als einer von 400 Köchen, die bundesweit Schulen besuchen, um Kinder auf den richtigen Geschmack zu bringen. Dosengemüse und Tiefkühlpizza haben Spuren hinterlassen. Viele Kinder wissen heute nicht mehr, wie frisches Obst schmeckt oder wie frischer Schnittlauch aussieht. Sie können süß nicht von sauer unterscheiden und bitter nicht von salzig. Deutschlands Spitzenköchen ist so etwas ein Graus.

Rund 20 Mal war Heldmann schon in schwäbischen Schulen zum Geschmacksunterricht. Dann verbindet er Kindern die Augen und lässt sie frisch gekochten Spargel essen. Und dann Spargel aus der Dose. »Essen ist mehr als reinstecken und satt werden«, sagt er. Es ist ein Erlebnis für alle Sinne: Nektarinen riechen, Pfirsiche fühlen, den Biss in einen Apfel hören. Manchmal vergessen die Kinder dabei, dass die Pausenglocke geläutet hat.

Wenn Heldmann nicht vor Kindern kocht, steht er in der Küche seines Stuttgarter Restaurants »Der Zauberlehrling«. Der Schwabe gehört zur Kochvereinigung »Eurotoques«, deren Philosophie so simpel wie einleuchtend ist: Sind die Kinder erst einmal auf den Geschmack gekommen, bringen sie ihre Eltern dazu, zu Hause öfter Frisches zu kochen.

Wollen Schulen die Kinder wirklich aufs Leben vorbereiten, müssen sie sich für neue Formen des Unterrichts öffnen. Geschmackstraining ist da nur ein Beispiel.

Die Schule der Zukunft wird eine andere sein. Selbst bei einem Fach wie Sport wird es nicht mehr allein darum gehen, wer am schnellsten rennt, am höchsten springt oder am weitesten wirft. Es wird darum gehen, wie man sich richtig bewegt, gesund ernährt und seinen Körper pflegt. Gesundheits-Training statt Sportunterricht, praktisches Wissen statt Volks- und Betriebswirtschaft – die klassischen Kategorien müssen verschwinden. Und genauso wie über den Geschmacksunterricht schon heute erreicht werden kann, dass zu Hause wieder mehr aufs Essen geachtet wird, könnte eine neue Form des Verbraucherunterrichts in der Schule viele Familien dazu zwingen, das Thema Geld zu enttabuisieren.

»Wir brauchen ein Fach, das sich ausschließlich mit der Frage der Haushaltsführung und dem Familienleben befasst«, sagt der Bonner Wirtschaftsprofessor Michael-Burkhard Piorkowsky. »So etwas gibt es in Deutschland nicht – und das steht im krassen Widerspruch zu den nur banal klingenden Herausforderungen des Alltags.« Unterstützt wird der Wissenschaftler dabei vom Bundesfamilienministerium, der Deutschen Gesellschaft für Hauswirtschaft und den Spitzenverbänden der Freien Wohlfahrtspflege, zu denen unter anderem Caritas, Arbeiterwohlfahrt, und das Diakonische Werk gehören. Sie können sich immerhin auf einen prominenten Vordenker berufen. Schon der griechische Philosoph Aristoteles stellte den privaten Haushalt in den Vordergrund seiner Wirtschaftslehre. Der ihm zugeschriebene Begriff »Ökonomie« setzt sich aus den griechischen Worten »oikos« und »nomos« zusammen, was so viel bedeutet wie »Haus« und »Ordnung«.

Finanzielle Allgemeinbildung muss Teil eines solchen Unterrichts sein, der sich an sämtlichen Bedürfnissen der Menschen und ihrem Alltag orientiert. Damit wäre all jenen geholfen, denen wir immer wieder sagen, sie würden nicht für die Schule lernen, sondern für das Leben.

Mangelndes Wissen im Umgang mit Geld ist nämlich nicht die einzige Ursache von Armut. Die familiäre Situation, die Gesundheit und vieles mehr entscheiden ebenso über die Zukunft, so der Armuts- und Reichtumsbericht der Bundesregierung. Allein erziehende Elternteile sind stärker gefährdet als Paare, weil sie sich nicht gleichzeitig auf Beruf und Familie konzentrieren können. Ungebildete verlieren schneller ihren Arbeitsplatz als Gebildete, und auch wer oft krank ist oder einfach nur nicht über seine Rechte als Verbraucher ausreichend Bescheid weiß, trägt ein höheres Risiko. Wer Armut mit Bildung bekämpfen will, muss all das berücksichtigen.

Panik ist jedenfalls völlig fehl am Platze. »Wer liest Schiller und Goethe, Kleist, Heine und Mann, wenn die Performance von Aktienfonds erörtert werden muss?«, ereifern sich die Autoren Peter Köpf und Alexander Provelegios. »Wen interessiert Geschichte, wenn die Zukunft auf dem Spiel steht?« Das ist übertrieben, wenn man finanzielle Bildung richtig versteht. Ein an den Menschen orientierter Finanzunterricht wäre gerade kein Nachschublieferant für kurzfristige wirtschaftliche Interessen. Es würde keine Computerwissenschaft unterrichtet, weil gerade Informatiker gesucht werden, keine Technik, weil in Betrieben Ingenieure fehlten. Der neue Verbraucherunterricht stärkt die Menschen um ihretwillen. Und er lässt sich verwirklichen.

Allerdings nicht nebenbei.

Es wäre ein Fehler zu glauben, die Lehrer könnten den Umgang mit Geld einfach so erklären. Obwohl es – zugegeben – vernünftig klingt, wenn ein Politiklehrer, der gerade die Verschuldung der Dritten Welt bespricht, seinen Schülern nebenbei erläutert, wie Kredite funktionieren und wo ihre Chancen und Risiken liegen. Doch ein solcher Ansatz würde aus verschiedenen Gründen scheitern.

Zum einen aus mangelnder Kontrolle. Was die Schüler lernen, bliebe weitestgehend der Laune einzelner Lehrer überlassen. Schon bei der Diskussion um ein Schulfach Wirtschaft hat Hans Kaminski, Professor am Institut für ökonomische Bildung der Universität Oldenburg, festgestellt, dass Wunsch und Wirklichkeit weit auseinander liegen: Lehrer unterrichten das, was ihnen passt und was ihrer persönlichen Einstellung am ehesten entspricht.

Zum anderen, weil Lehrer sich untereinander oft nicht abstimmen. So verlässt sich der Politiklehrer darauf, dass der Geschichtskollege das Thema Kredite schon anspricht, denn auch im Mittelalter hat es ja schon Menschen gegeben, die sich Geld geliehen haben. Der Geschichtslehrer wiederum hofft auf den Mathelehrer, schließlich hat ein Kredit ja auch was mit Zinsrechnung zu tun. Finanzielle Allgemeinbildung hat Berührungspunkte zu mehreren anderen Disziplinen. Das macht sie so reizvoll – deswegen kann man sie aber auch so leicht zwischen den Fächern hin und her schieben. Und im schlimmsten Fall findet sie dann gar nicht statt. »Lehrer sind Einzelkämpfer«, sagt McKinsey-Chef Jürgen Kluge. »Ein professioneller Austausch unter Lehrern – außer in der Abstimmung über Stundenpläne – ist unüblich, jeder arbeitet für sich hinter der verschlossenen Tür des Klassenzimmers oder zu Hause; Feedback findet kaum statt, in Teams wird nicht gearbeitet.« In jedem anderen Beruf wäre das heute undenkbar.

Wollen wir modernen Unterricht, müssen alle Fächer auf den Prüfstand – ob sie nun Kunst oder Musik heißen, Chemie oder Physik, Mathematik oder Deutsch. Wer über Bildung von morgen spricht, muss sich immer wieder die gleichen Fragen stellen: Was muss man wissen? Und was nicht? Ist es noch wichtig, dass jedermann Logarithmen berechnen kann? Gehört die Kenntnis von Edelgasen zum Standardwissen? Betrachten wir es von den möglichen Folgen her: Im Museum die Bilder von Vincent van Gogh mit denen von Andy Warhol zu verwechseln, ist peinlich – und das zu Recht. Aber von Geld nichts zu verstehen, ist noch mehr als peinlich – es ist existenzbedrohend.

Auch die Naturwissenschaftler müssen sich fragen lassen: Brauchen wir für Physik, Chemie und Biologie zwangsläufig drei eigenständige Schulfächer? Es könnte doch viel sinnvoller sein, sie mit insgesamt leicht reduzierter Stundenzahl in einem gemeinsamen Fach »Naturwissenschaften« oder neudeutsch »Science« zusammenzufassen. Einige Schulen in Deutschland haben die künstliche Trennung der drei Disziplinen bereits aufgehoben. Die Natur trennt ja auch nicht. Wasser beispielsweise lässt sich nicht ausschließlich biologisch, chemisch oder physikalisch erklären. Und beim Thema Fliegen zwar über die physikalischen Grundlagen des Vogelflugs zu reden, aber den biologischen Aufbau einer Adlerschwinge zu ignorieren, wäre weltfremd.

Unsere Gesellschaft fordert von jungen Menschen, selbstständig fürs Alter zu sparen und dabei möglichst keine Fehler zu machen. Das ist keine einfache Aufgabe. Wir sollten denen, die sie bewältigen müssen, wenigstens die Chance geben, sich darauf vorzubereiten.

Alles verstehen, weniger verlieren

Finanziell gesehen ist eine Unterrichtsreform kein Problem. Unternehmensberater Kluge hat die Finanzierung des deutschen Schulsystems einmal analysiert. Sein Ergebnis: Deutschland bringt das zweifelhafte Kunststück fertig, mit überdurchschnittlichem Aufwand unterdurchschnittliche Ergebnisse zu produzieren – siehe das blamable Abschneiden deutscher Schüler bei der PISA-Studie. »Im Sekundarbereich geben wir 6603 US-Dollar pro Schüler aus, der OECD-Durchschnitt liegt bei 5174 US-Dollar«, schreibt Kluge in seinem Buch *Schluss mit der Bildungsmisere*. »Wir müssen zur Kenntnis nehmen, dass es Länder gibt, die deutlich weniger Geld einsetzen, größere Klassen und schwierigere Verhältnisse haben und dennoch bessere, vor allem aber sozial gerechtere Ergebnisse vorweisen.«

Wenn es um den Umbau unseres Schulsystems geht, dürfen wir uns von Blockierern und Bildungsbürokraten nicht abschrecken lassen. Nicht weltfremde Schulräte und verkopfte Kultusminister sollten darüber befinden, was gut für unsere Kinder ist. Sondern wir. Schließlich zahlen wir auch dafür. Schon heute, hat Kluge ausgerechnet, stammt fast jeder vierte Euro für die schulische Grundausbildung aus privaten Haushalten.

Natürlich braucht sinnvoller ökonomischer Unterricht, der den Umgang mit Geld angemessen abhandelt, wie alle anderen Fächer auch die Beschränkung auf das Wesentliche. Längst nicht alles ist interessant oder wichtig. Um im Alltag bestehen zu können, braucht man weder zu begreifen, wie man das Delta eines Optionsscheins ausrechnet, noch, wie sich Manager von Hedgefonds gegen Verluste absichern oder wie die technische Analyse von Aktiencharts funktioniert. »Zur Bildung gehört auch zu wissen, was man nicht wissen darf«, schreibt der Literaturprofessor Dietrich Schwanitz in seinem Buch *Bildung: Alles, was man wissen muss*.

Wir müssen lernen, die richtigen Fragen zu stellen, nicht nur Fakten zu pauken. Doch genau daran hapert es. Die PISA-Studie hat die Nachteile des deutschen Bildungsverständnisses bestätigt. Als die OECD – die Organisation für wirtschaftliche Zusammenarbeit und Entwicklung – das internationale Bildungsniveau von Schülern testete, landete die Bundesrepublik nur im unteren Drittel, weit hinter angelsächsischen und skandinavischen Ländern. Deutsche Kinder können Texte zwar lesen, aber ihren Sinn nicht begreifen. Kreativität und Selbstständigkeit? Fehlanzeige.

Momentan versuchen Bildungspolitiker, die PISA-Panne dadurch auszubügeln, dass sie den Schulen einheitliche Bildungsstandards verpassen – also detailliert festlegen, was wo wie und wann gelernt wird. Doch genau das könnte der große Fehler sein. Der Stoff werde dann bloß noch gepaukt, um in standardisierten Tests abgefragt und anschließend wieder vergessen zu werden, fürchtet der renommierte Bildungsexperte Reinhard Kahl. Schon heute vermittle der Unterricht nur kontextfreies, reines Wissen. Dabei ist es viel sinnvoller, den Schülern grundlegende Kompetenzen beizubringen, wie das Beispiel anderer Länder zeigt.»Wenn Angelsachsen oder Skandinavier davon sprechen, blicken sie nicht hoch zum Olymp des Wissens, sondern auf den Alltag«, schreibt Kahl in der Wochenzeitung *Die Zeit.*»Sie fragen, was Schüler für den Beruf, zum Studieren und für das normale Leben brauchen.«

Heute sind die Menschen völlig überfordert von dem, was in Sachen Finanzen alles über sie hereinbricht. Wer kann schon sagen, wie hoch die staatliche Riester-Förderung für eine 45-jährige Frau ist, die allein stehend ist, zwei Kinder im Alter von 17 und 20 Jahren hat und monatlich 1 950 Euro brutto verdient? Gibt es überhaupt Geld für sie? Und wenn ja, wie viel? Hängt das von ihrem Familienstand ab, ihrem Gehalt, dem Alter ihrer Kinder, von allen drei Faktoren zusammen oder von keinem? Um es abzukürzen: Im Jahr 2003 beträgt die staatliche Förderung der privaten Altersvorsorge für die 45-jährige zweifache Mutter genau sieben Euro im Monat – dafür bekommt sie im Supermarkt gerade mal zwei bessere Tiefkühlpizzas.

Sieben von zehn Deutschen verstehen das gesetzliche Rentensystem nicht. Sie scheitern, wenn sie das Umlageverfahren erklären sollen; dabei besagt es doch nur, dass die heutigen Rentner genau das Geld bekommen, das die heutigen Arbeitnehmer in die Sozialkassen zahlen. Den Deutschen fehlt bereits das finanzielle Grundwissen, um überhaupt nachvollziehen zu können, warum es auf einmal eine private Zusatzrente geben soll. Die Folge der allgemeinen Unkenntnis: breite Verwirrung. Bis Mitte 2002 schlossen nach Untersuchungen der Bertelsmann-Stiftung nicht einmal neun von hundert Deutschen einen Riester-Vertrag zum Alterssparen ab.

Drei Dinge brauchen finanzielle Analphabeten: erstens Kritikfähigkeit gegenüber sich selbst; zweitens das Grundwissen über soziale Sicherungssysteme und gängige Finanzprodukte. Und drittens ein gesundes Misstrauen gegenüber jedem, der vorgibt, ihnen helfen zu wollen. Auf diesen drei Pfeilern muss das Grundgerüst finanzieller Bildung in der Schule stehen.

Kritikfähigkeit gegenüber sich selbst

Jeder sollte in der Lage sein, die eigene finanzielle Situation rational beurteilen zu können. Wir müssen lernen, Prioritäten zu setzen, um jederzeit eine Antwort auf die Fragen geben zu können: Was ist überhaupt wichtig? Und was ist jetzt, in diesem Moment, wichtig? Wir sollten außerdem wissen, dass uns Ungeduld und Willensschwäche schnell einen Strich durch die Rechnung machen können.

Schon Schüler müssen lernen, dass ihr Leben finanziell keine Einbahnstraße sein wird. Jeder ihrer Entscheidung hat Konsequenzen für ihr späteres Leben: ob sie sparen oder nicht, ob sie für das erste Auto gleich einen Kredit aufnehmen oder ob sie eine Lebensversicherung abschließen sollen.

Geld braucht man in den unterschiedlichsten Lebenslagen und in verschiedenster Menge. Gleichzeitig wandeln sich die Möglichkeiten, es zu beschaffen. Nach der Schule, der Ausbildung und vielleicht dem Studium steigt das Einkommen zunächst relativ schnell – an die Stelle von Taschengeld, BAföG und Ferienjobs tritt der erste richtige Arbeitsplatz. Damit steigen die Ausgaben – für eine größere Wohnung, teure Reisen und all das, wofür man früher »kein Geld« hatte. Aber soll man jetzt alles ausgeben? Gerade jetzt, wo doch zum ersten Mal im Leben so viel Geld da ist, dass man auf nichts zu verzichten braucht? Wer eine Familie gründet, wird feststellen, dass sich die eigene finanzielle Lage sehr schnell ändern kann – zumindest vorübergehend fällt ein Verdiener aus, gleichzeitig braucht man eine größere Wohnung. Und was ist, wenn durch eine Wirtschaftskrise der eigene Arbeitsplatz verloren geht und so das Familieneinkommen nicht mehr sicher ist? Oder infolge einer Scheidung auf einmal hoher Unterhalt für den Expartner und die eigenen Kinder gezahlt werden muss? Vielleicht ist es so gesehen ja ein Fehler gewesen, die Wohnung zu kaufen und darauf zu vertrauen, mit dem monatlichen Einkommen lasse sich der Kredit problemlos zurückzahlen. Und selbst wenn bis ins hohe Alter alles gut geht: Hoffentlich war die Finanzierung so gut geplant, dass die Immobilie abbezahlt ist, bevor die Rente kommt. Denn gleich bleibende Kreditraten bei einer niedrigeren Rente weiter bezahlen zu müssen, könnte zum existenziellen Problem werden.

Einnahmen und Ausgaben, Ansprüche und Verpflichtungen ändern sich während des ganzen Lebens. Deswegen wäre es falsch zu glauben, die heutige Situation ließe sich einfach so in die Zukunft projizieren. Wer weiß schon, was in zwanzig Jahren sein wird? Niemand. Nicht einmal der Bankberater.

Soziale Sicherungssysteme und Finanzprodukte

Ohne das grundlegende Verständnis der sozialen Sicherungssysteme – Rente, Arbeitslosigkeit, Krankheit und Pflegebedürftigkeit – macht finanzielle Bildung keinen Sinn. Jeder muss wissen, in welcher Lebenslage das staatliche Netz die Menschen auffängt – und in welcher Weise.

Erst an zweiter Stelle folgen die Finanzprodukte. Dabei geht es nicht darum, dass sich die Schule permanent aktuellen Modetrends anpasst. Abgesehen davon, dass die staatlichen Bildungssysteme mit ihren Lehrplänen gar nicht schnell genug in der Lage wären, sich den ständig wandelnden Trends zu stellen: Ein solches Vorgehen wäre überaus gefährlich. Womöglich hätten Schüler während des Börsenbooms in den späten neunziger Jahren gelernt, wie einfach es doch ist, ein Vermögen mit Internetaktien am Neuen Markt zu machen. Der Aktualität hinterherzujagen, ist ein Irrweg.

Vielmehr muss es darum gehen, die Grundzüge von Krediten, Versicherungen und Aktien zu verstehen, ihre Funktion und die möglichen Folgen ihres Einsatzes für den Einzelnen. Denn oftmals machen Finanzprodukte gar keinen Sinn – dann sollte man auch die Finger davon lassen. Ein allein stehender Single braucht zum Beispiel keine Risikolebensversicherung. Wen sollte er auch absichern? Schließlich schützt eine solche Versicherung nicht ihn selbst vor dem Leben, sondern andere vor den finanziellen Folgen seines Todes. Auch eine Kapitallebensversicherung nützt Alleinstehenden herzlich wenig; schließlich kombiniert sie lediglich den Risikoschutz mit einem Sparvertrag. Das Geld, was monatlich für den Risikoschutz draufgeht, könnten sich die Singles sparen und anders investieren. In einer Kapitallebensversicherung ist es verloren.

Aber was ist mit Menschen mit Familie? Nur wer in der Lage ist, die richtigen Fragen zu stellen und sich nicht mit banalen Antworten zufrieden gibt, weil er die Grundzüge von Finanzprodukten verstanden hat, vermeidet die typischen Fehler finanzieller Analphabeten.

Ein Kredit etwa ist nicht per se etwas Schlechtes. Man sollte schon in der Schule lernen, dass ein Darlehen eine große persönliche Chance sein kann – wenn man es richtig einsetzt.

Ein Beispiel: Was in der Regel nicht funktioniert, ist Urlaub auf Pump. Mal angenommen, Sie möchten mit Ihrer Lebensgefährtin so richtig nett in den Urlaub fahren. Jahrelang Ostsee ist genug, in diesem Sommer sollen es drei Wochen Karibik sein. Für die Reise selbst haben Sie kein Geld, doch glücklicherweise hat das Reisebüro die passende Finanzierung: Die monatliche Rate zu 80 Euro bei 36 Monaten Laufzeit und null Anzahlung. Klingt gut, und die paar Euro im Monat sind immer irgendwie drin; schließlich lockt die Aussicht auf Sonne, Strand und Cocktails. Nur: Sehen Sie das immer noch so, wenn Sie aus dem Urlaub wieder zurück in Deutschland sind? Wenn es in der Karibik drei Wochen lang nur geregnet hat? Wenn Ihnen einfällt, dass Sie noch fast drei Jahre lang Ihren Kredit abstottern müssen und es in dieser Zeit noch einige Sommer geben wird, in denen Sie gern verreisen würden?

Die Zeit arbeitet gegen Sie. Der Gegenwert, den Sie für das geliehene Geld bekommen haben, ist schnell verbraucht. Was hingegen im nächsten Sommer wiederkehren wird, ist das Bedürfnis zu verreisen. Da Sie dann aber immer noch die Raten für den ersten Kredit bezahlen, werden sie entweder auf Urlaub verzichten oder wieder einen Kredit aufnehmen. Damit verschieben Sie die Lösung ihres Problems auf das nächste Jahr – bei steigender finanzieller Belastung.

Ein Kredit kann aber auch sehr sinnvoll sein. Nehmen wir an, Sie waren jahrelang arbeitslos, und jetzt wird Ihnen ein neuer Job als Lagerarbeiter angeboten. Das Problem: Die Firma sitzt in einem kleinen Dorf, 30 Kilometer entfernt, und es gibt keinen Zug und keinen Bus, der dorthin fährt. Umziehen möchten Sie nicht, denn Ihre beiden Kinder gehen noch zur Schule. Geld für ein Auto ist auch nicht auf dem Konto. Also finanzieren Sie Ihr Fahrzeug über vier Jahre. Die monatlichen Raten können Sie von Ihrem neuen Gehalt beglichen, Ihre Familie hat endlich wieder ein gutes Auskommen und nach vier Jahren ist der Wagen abbezahlt.

Die Zeit arbeitet für Sie. Ohne den Kredit hätten Sie Ihren neuen Job nie bekommen und wären vielleicht noch immer arbeitslos. Die Raten für das Auto waren gut angelegt. Eine Rechnung, die funktioniert.

Misstrauen gegenüber Hilfswilligen

Ein gesundes Misstrauen gegenüber allen Beratern ist die dritte Fähigkeit, die uns hilft, in der modernen Finanzwelt zu überleben. Warum das so ist, ist schnell erklärt. Sämtliche Angebote der Finanzindustrie kosten Geld – und seien es nur Kontoführungsgebühren oder Ausgabeaufschläge für Investmentfonds. Und es sind nicht nur die schwarzen Schafe der Branche, die ihre Opfer mit der Aussicht auf himmlische Renditen anlocken und ausnehmen. Auch die seriösen Anbieter sorgen schon dafür, dass sie selbst nicht zu kurz kommen.

So hat ein Ratenkredit vielleicht nur deswegen so niedrige Monatsraten, weil er übermäßig lange läuft. Am Ende ist er viel teurer als ein Darlehen mit höheren Raten. Manche Banken werben auch gern mit kostenlosen Girokonten – aber nur für Kunden, die sämtliche Bedingungen im Kleingedruckten erfüllen. So gibt es beispielsweise das »HVB GirokontoPlus« von der HypoVereinsbank nur dann gratis, wenn im Durchschnitt des Quartals mindestens 1 500 Euro auf dem Konto liegen. Da wäre es sinnvoller, zu einer Bank zu gehen, bei der das Girokonto vom ersten Euro an gratis ist, und die 1 500 Euro einfach dort anzulegen, wo sie Zinsen bringen.

Jede Leistung hat ihren Preis. Nur wer in der Lage ist, diesen Preis herauszufinden, kann die verschiedenen Angebote der Finanzdienstleister miteinander vergleichen. Genau dieses Wissen verschafft uns schließlich die Argumente, mit denen sich am Bankschalter oder im Büro des Versicherungsvertreters entsprechend verhandeln lässt.

Von Geld verstehen wir heute alle nichts. Die einen verdrängen das und scheitern. Die andern versuchen etwas – und scheitern erst recht. Dabei sind die ersten Schritte zum richtigen Umgang mit Geld gar nicht so schwer. Und je früher im Leben wir damit beginnen, desto besser.

Wir alle sind finanzielle Analphabeten. Noch.

Epilog

Eine Bahnfahrt von Hamburg nach München dauert sechs Stunden. Oder eine Ewigkeit. Das hängt ganz davon ab, welchen Zug Sie nehmen.

Stellen Sie sich vor, Sie haben wenig Geld, ein Ticket für den schnellen ICE ist teuer, und deshalb bleiben Ihnen nur Regionalzüge. Sie müssen häufig umsteigen, aber wissen nicht, wo. Der Schaffner weiß es auch nicht – oder kommt während der ganzen Fahrt nicht an Ihrem Platz vorbei. Die Schilder am Bahnhof können Sie nicht lesen. Und die Menschen am Bahnsteig wissen zwar, in welche Kleinstadt der nächste Regionalzug fährt. Aber nicht, ob man von dort auch weiter nach München kommt.

Wenn Analphabeten Zug fahren müssen, kommen sie entweder sehr spät an – oder nie. In Sachen Geld geht es uns allen genauso.

Wir sind auf einer Reise mit festem Ziel: fürs Alter sparen, ein Haus finanzieren, unsere Familie absichern. Aber wir wissen nicht, wie wir dieses Ziel erreichen. Und ob wir jemals dort ankommen. Es gibt viele Möglichkeiten, sich zu entscheiden, und ständig kommen neue dazu: neue Aktien, neue Versicherungen, neue Fonds. Unsere Finanzberater helfen uns nicht weiter – sie sind wie Bahnangestellte, die uns in Hamburg eine Fahrkarte nach Berlin verkaufen, weil wir von dort angeblich schneller nach München gelangen.

Wir alle sind finanzielle Analphabeten. Dabei wäre es doch so einfach, etwas dagegen zu tun.

Sprechen wir über Geld. Vor allem in der Familie. Nehmen wir unsere Kinder mit auf die Bank, um ihnen zu zeigen, wie man Geld anlegen kann – anstatt sie bloß zum Bäcker zu schicken, wo sie sehen, wie man es ausgibt. Sagen wir unseren Kindern, wie viel Geld wir verdienen. Haben wir keine Angst davor, dass sie unser Gehalt ausplaudern. Es ist schlimmer, mit Kindern nicht über Geld zu sprechen, als dass unsere Nachbarn wissen, was wir am Monatsende nach Hause bringen.

Lehren wir Geld. Und zwar schon an den Schulen. Es geht um mehr als ein Schulfach Wirtschaft, das unsere Kinder nur zu kleinen Volks- und Betriebswirten erzieht. Es geht um eine neue Form des Verbraucher-Unterrichts: Kinder müssen lernen, wie sie die richtigen Fragen stellen. Wie sie ihre finanzielle Situation richtig einschätzen. Und wie sie erkennen, wer und mit welchem Interesse was von ihnen will. Damit die Kinder von heute nicht die Dummen von morgen sind.

Bezahlen wir für Geld. Gute Beratung gibt es nicht umsonst – und wer anderes behauptet, will uns nur täuschen. Vertrauen wir nicht den Bankern und Versicherungsvertretern, die nur am eigenen Profit interessiert sind. Hören wir nicht auf gewiefte Anwälte und selbst ernannte Aktionärsschützer, die uns weismachen, Börsenverluste leicht wieder einklagen zu können. Kümmern wir uns um Geld, selbst wenn es lästig ist.

Denken wir über Geld nach. Seien wir uns dessen bewusst, dass Ungeduld und Willensschwäche uns zu Fehlern verleiten. Und dass es keinen Fehler gibt, den wir nicht zwei Mal machen können.

Geld geht uns alle an. Weil wir immer älter werden und immer weniger Kinder bekommen, wandelt sich die Gesellschaft dramatisch. Deutschland vergreist. Das gesetzliche Rentensystem allein kann die Altenrepublik nicht mehr finanzieren, also muss jeder von uns privat vorsorgen. Versagen wir dabei, droht uns ein Alter in Armut. Damit schaden wir uns nicht nur selbst, sondern allen. In Zukunft werden ältere Menschen die wichtigste Käufergruppe des Landes sein. Wenn sie sich weniger leisten können, leidet die ganze Wirtschaft.

Es ist gefährlich zu glauben, wir müssten nur lange genug mit Aktien und Fonds hantieren, dann würden wir uns irgendwann schon auskennen. Selbst in den USA – einem Land, in dem Eigenverantwortung traditionell stark ausgeprägt ist – haben die meisten Menschen von Geld keine Ahnung.

Ein finanzieller Analphabet zu bleiben, ist auf Dauer keine Alternative. »Die Dummen«, spottete schon der amerikanische Nationalökonom John Kenneth Galbraith, »werden früher oder später von ihrem Geld befreit.«

Anhang

Zehn Fragen, die Sie stellen sollten

von Marco Habschick*

Einen fähigen und auch langfristig vertrauenswürdigen Finanzberater zu finden, ist mindestens so schwierig wie die Auswahl eines guten Arztes oder Automechanikers. Eine garantiert gute Lösung gibt es nicht, die folgenden Fragen sollten aber weiterhelfen:

1. Kann der Berater eine Qualifikation nachweisen?

Leider ist in Deutschland immer noch keine Ausbildung für Finanzberater vorgeschrieben. Einen guten Ruf genießen jedoch die so genannten »Certified Financial Planner« (CFP) und »Masters of Financial Consulting« (MFC). Auf alle Fälle sollte jeder Berater zumindest eine öffentlich anerkannte Ausbildung mit IHK-Abschluss haben (Fachwirt, Bankkaufmann). Selbstverständlich ist eine solche Qualifikation nicht: Die meisten Berater haben nur haus- oder brancheneigene Ausbildungszertifikate. Im Extremfall haben Sie dann jemanden vor sich, der nebenberuflich Bausparverträge oder Lebensversicherungen vermittelt und dazu nur Schulungen für Überredungstechniken und Verkaufstricks absolviert hat.

Finanzberater gehören oft einem Verband an. Welche Verbände angesehen sind, erfahren Sie in Fachmedien oder bei Verbraucherzentralen.

*) Diese Fragen wurden zusammengestellt von Marco Habschick. Er ist gelernter Finanzjournalist und arbeitet für die Unternehmensberatung Evers & Jung in Hamburg. Habschick beschäftigt sich seit Jahren mit den Themen Qualität von Finanzberatung und finanzielle Bildung.

2. Arbeiten der Berater und sein Unternehmen schon lange in dem Fachgebiet?

Erfahrung zählt ganz besonders in einer Branche, die wie die Finanzberatung von Quereinsteigern und hoher Fluktuation geprägt ist. Besteht ein Beratungsunternehmen schon lange oder arbeitet ein Berater viele Jahre in diesem Beruf, ist das ein Hinweis auf zufriedene Kunden und tragfähige Beratung.

3. Hat Ihr Berater eine Vermögensschadens-Haftpflichtversicherung?

Es ist nicht einfach, einen Berater für seinen Rat verantwortlich zu machen. Voll haftbar machen können Sie im Grunde nur gerichtlich zugelassene Versicherungsberater, Steuerberater oder Rechtsanwälte. Seriöse Unternehmen und Verbände schreiben ihren Beratern aber mittlerweile vor, eine Berater-Haftpflichtversicherung abzuschließen. Sie kommt für finanzielle Schäden auf, die den Kunden durch Beratungsfehler entstehen. Fragen sie nach, ob Ihr Berater auf diese Weise versichert ist.

4. Legt Ihr Berater offen, auf welchem Weg er bezahlt wird?

99 Prozent aller Berater arbeiten nach dem Provisionsprinzip, das heißt, sie erhalten für jeden abgeschlossenen Vertrag eine bestimmte Summe vom Produktgeber. Wenn nun eine Versicherung Ihrem Berater eine besonders üppige Provision verspricht – und so etwas tut sich mit anderer Leute Geld ja sehr leicht –, warum soll er zu einer Konkurrenzpolice raten, auch wenn die für Sie besser wäre? Und welcher Vermittler wird Ihnen je zu einem der günstigen Direktversicherer raten, die ganz auf Filialen und Vertreternetz verzichten? Bankmitarbeiter wiederum erhalten zwar ein Festgehalt, doch gibt es häufig, wie in Unternehmen anderer Branchen, auch interne Zielvorgaben, welche Stückzahlen von welchem Produkt verkauft werden sollen. Das ist nicht viel besser.

Ein Berater, der sein Honorar von Ihnen bekommt und nicht von einem Unternehmen, könnte Ihnen die erhofften unabhängigen Tipps geben. Doch leider gibt es nur wenige echte Honorarberater. Sollten Sie auf einen stoßen, lassen Sie sich schriftlich bestätigen, dass zusätzlich zu Ihrem Geld nicht doch noch Provisionen fließen. Ein guter Finanzberater wird aus seinen Geldquellen kein Geheimnis machen.

5. Gibt es Vertriebsvereinbarungen mit einem oder mehreren Produktanbietern?

Bei genauerem Hinsehen entpuppen sich die allermeisten Finanzberater als schlichte Vertriebsleute. Und so wenig Sie von einem Opel-Händler einen VW Golf erwarten können, so wenig sollten Sie beim Allianz-Vertreter oder Commerzbank-Mitarbeiter ein Konkurrenzprodukt erwarten. Auch die meisten »unabhängigen« Beratungsunternehmen arbeiten nur mit einer Hand voll Anbietern. Einen vollständigen und neutralen Marktüberblick dürfen Sie auch hier nicht erwarten. Fragen Sie grundsätzlich nach, wie viele Gesellschaften Ihr Berater im Angebot hat.

6. Wird die gesamte Lebenssituation in die Beratung einbezogen?

Geld ist Geld, ganz gleich, ob es in eine Haftpflichtversicherung oder in eine »Riester-Rente« fließt. Fehlentscheidungen wirken sich immer auf Ihr gesamtes Vermögen aus. Einen guten Berater erkennen Sie am »Blick fürs Ganze«. Finanzberatung ist außerdem ein steter Prozess. Moderne Lebensverläufe sind nicht mehr auf 20 oder 30 Jahre planbar. Alle zwei bis drei Jahre sollten Sie Ihre Entscheidungen überprüfen. Ein guter Berater kümmert sich darum.

7. Hinterfragt der Berater Ihre Wünsche kritisch?

Ein guter Berater redet Ihnen nicht einfach nach dem Mund (»Wir machen Ihre Träume wahr!«), sondern weist Sie auch auf unrealistische Vorhaben hin. Qualität zeigt sich daran, dass auch einmal auf ein kurzfristiges Geschäft verzichtet werden kann, wenn dafür langfristig das Konzept tragfähig bleibt. Mit so einem kritischen Geist sind Sie gut bedient.

8. Ist Ihr Berater für eine zweite Meinung offen?

Es gibt keinen echten Zeitdruck in Vermögensfragen. Teure Fehlentscheidungen sind schädlicher für Ihr Vermögen als ein paar Cent mehr zu machen. Größere Entscheidungen sollten Sie daher in Ruhe überdenken und im Zweifel von einem Dritten prüfen lassen. Schicken Sie Ihren Berater nach Hause, wenn er das nicht versteht.

9. Bespricht er Risiken ausführlich?

Die meisten Berater preisen die Vorzüge Ihrer Lösung in den höchsten Tönen, tun Nachteile und Risiken aber eher nebenbei ab. Auch hier trennt sich die Spreu vom Weizen, denn jedes Finanzprodukt und jede Strategie hat Vor- und Nachteile.

10. Fertigt er ein Beratungsprotokoll an?

Vielleicht haben auch Sie schon einem Berater gegenüber gesessen, der Schaubilder auf Papiere kritzelt, am Ende aber peinlich darauf achtet, dass nichts in Ihren Händen bleibt, was Sie gegen ihn verwenden könnten. Wirklich gute Beratung endet mit einem Protokoll, in dem die Beratungsergebnisse festgehalten sind. Das erleichtert spätere Gespräche und verhindert Missverständnisse.

Literatur

Bücher, Studien und Aufsätze

Abel, Andrew B.: Will Bequests
Attenuate the Predicted Melt-
down in Stock Prices When
Baby Boomers Retire?, NBER
Working Paper 8131, February
2001
Adams, Michael: Ein Vergleich
des Kostenersatzrechts in
Deutschland, Österreich und
den USA, Arbeitspapier,
Hamburg, 2002
Bajaj, Mukesh u. a.: Securities
Class Action Settlements – An
empirical analysis, Studie,
Berkeley, 2000
Bernstein, Peter L.: Wider die
Götter. Die Geschichte von
Risiko und Risikomanagement
von der Antike bis heute, Deut-
scher Taschenbuch Verlag,
München, 2002
Bertelsmann-Stiftung (Hrsg.):
Die Riester-Rente. Wer hat sie,
wer will sie, Vorsorgestudie,
Gütersloh, 2002
Bertelsmann-Stiftung (Hrsg.):
Financial Literacy / Fähigkei-
ten zur Altersvorsorgeplanung.
Auswertung einer internatio-
nalen Expertenumfrage,
Arbeitspapier, 2002
Bertelsmann-Stiftung u. a.
(Hrsg.): Wirtschaft in der
Schule. Eine umfassende
Analyse der Lehrpläne an
Gymnasien, Verlag Bertels-
mann-Stiftung, Gütersloh,
1999
Bertelsmann-Stiftung u. a.
(Hrsg.): Wirtschaft in die
Schule! Abschlussbericht
August 2002, Verlag Bertels-
mann-Stiftung, Gütersloh,
2002
Bertelsmann-Stiftung u. a.
(Hrsg.): Wirtschaft in die
Schule! Das Verhalten von Ver-
brauchern im Wirtschaftsge-
schehen, Verlag Bertelsmann-
Stiftung, Gütersloh, 2002
Bierach, Barbara: Das dämliche
Geschlecht, Wiley-VCH Verlag,
Weinheim, 2002
Börsch-Supan, Axel: Der demo-
graphische Wandel. Was die
Alterung für die Arbeits- und
Kapitalmärkte bedeutet, Beglei-

tendes Papier zu einem Vor-
trag im Haus der Deutschen
Bank, 21. August 2002
Bundesarbeitsgemeinschaft
Schule Wirtschaft: Wirtschaft
verstehen, Zukunft gestalten,
Projektbroschüre, Köln, ohne
Jahresangabe
Bundeskriminalamt: Jahres-
bericht Wirtschaftskriminalität
2001, Wiesbaden, 2002
Bundesministerium für Familie /
Bundesarbeitsgemeinschaft
der Freien Wohlfahrtspflege:
Prioritäten einer zukunfts-
orientierten Familienpolitik,
Broschüre, Eigenverlag, Berlin,
2002
Bundesregierung: Elfter Kinder-
und Jugendbericht. Bericht
über die Lebenssituation jun-
ger Menschen und die Leistungen der Kinder- und Jugend-
hilfe in Deutschland, Berlin,
2001
Bundesregierung: Lebenslagen
in Deutschland. Der erste
Armuts- und Reichtumsbericht
der Bundesregierung, Berlin,
2001
Bundesvereinigung der Deutschen Arbeitgeberverbände /
Deutscher Gewerkschaftsbund:
Wirtschaft – notwendig für
schulische Allgemeinbildung,
Thesenpapier, Berlin, 2000
Consumer Banker Association:
CBA 2002 Survey of Bank-

Sponsored Financial Literacy
Programs, Studie, 2002
Deutsche Gesellschaft für Hauswirtschaft (Hrsg.): Kompetent
im Alltag, Dokumentation zur
Bildungskonferenz am 18. Juni
2002, Aachen/Bonn 2002
Deutsches Aktieninstitut (Hrsg.):
DAI-Factbook 2002, Eigenverlag, Frankfurt, 2002
Deutsches Institut für Altersvorsorge (Hrsg.): Frauen und ihre
Altersvorsorge II, Eigenverlag,
Köln, 2001
Deutsches Institut für Altersvorsorge (Hrsg.): Lebensstandard
im Alter, Eigenverlag, Köln,
2002
Deutsches Institut für Altersvor-
sorge (Hrsg.): Vermögensbil-
dung unter neuen Rahmen-
bedingungen, Eigenverlag,
Köln, 2000
Fehr, Ernst: Über Vernunft, Wille
und Eigennutz hinaus. In:
Fehr, Ernst / Schwarz, Gerhard: Psychologische Grundlagen der Ökonomie, Verlag
Neue Zürcher Zeitung, Zürich,
2002
Financial Services Authority: A
cycle of disadvantage? Financial exclusion in childhood,
Working Paper, November
2000
Finanzplatz e.V.: Grauer
Kapitalmarkt und unseriöse
Geschäftspraktiken, Bro-

schüre, Frankfurt am Main,
2001

Galbraith, John Kenneth: Finanz-
genies. Eine kurze Geschichte
der Spekulation, Eichborn
Verlag, Frankfurt am Main,
1992

Heilbroner, Robert / Thurow,
Lester: Wirtschaft. Das sollte
man wissen, Campus Verlag,
Frankfurt a. M./ New York,
2002

Heuser, Uwe Jean: Das Unbeha-
gen im Kapitalismus, Berlin
Verlag, Berlin, 2000

HypoVereinsbank: Age Wave.
Zur Demographieanfälligkeit
von Aktienmärkten, Policy
Brief 4/2001

Illies, Florian: Generation Golf,
Argon Verlag, Berlin, 2000

Jumpstart Coalition (Hrsg.):
Improving Financial Literacy.
What Schools and Parents Can
and Cannot do, Studie,
Washington, D.C., 2001

Kahneman, David / Tversky,
Amos: Prospect Theory. An
Analysis of Decision under
Risk, Econometrica, Vol. 47,
No. 2, 1979

Kennickell, Arthur B. u. a.:
Recent Changes in U.S. Family
Finances. Results from the
1998 Survey of Consumer
Finances, Federal Reserve Bul-
letin, January 2000

Kluge, Jürgen: Schluss mit der

Bildungsmisere. Ein Sanie-
rungskonzept, Campus Verlag,
Frankfurt a. M./ New York,
2003

Köpf, Peter / Provelegios, Alexander: Wir wollen doch nur ihr
Bestes, Europa-Verlag, Hamburg, 2002

Konrad-Adenauer-Stiftung
(Hrsg.): Soziale Marktwirt-
schaft stärken. Kerncurriculum
ökonomische Bildung, St.
Augustin, Thesenpapier, Sankt
Augustin 2000

Kuschel, Svea / Willberger, Birgit
(Hrsg.): Das FrauenFinanz-
Buch, Thiemo Graf Verlag,
Röthenbach, 2003

Liebel, Hermann: Täter-Opfer-
Interaktion bei Kapitalanlage-
betrug, Luchterhand Verlag,
Neuwied / Kriftel, 2002

Mackay, Charles: Zeichen und
Wunder. Aus den Annalen des
Wahns, Eichborn Verlag,
Frankfurt am Main, 1992

Mackert, Hildegard / Müller,
Edda: Bildung für Haushalt
und Konsum als vorsorgender
Verbraucherschutz. In: Aus
Politik und Zeitgeschichte 9/
2003

Miegel, Meinhard: Die defor-
mierte Gesellschaft. Wie die
Deutschen ihre Wirklichkeit
verdrängen, Propyläen Verlag,
München, 2002

Moore, Michael: Stupid White

Men, Piper Verlag, München, 2002

National Council on Economic Education: National Summit on Economic and Financial Literacy. Executive Summary, Abschlussbericht, Washington, D.C., 2002

Piorkowsky, Michael-Burkhard: Verarmungsgründe und Armutsprävention bei Privathaushalten, Informationen und Materialien aus dem Diakonischen Werk der Evangelischen Kirche, 03/2002

Piorkowsky, Michael-Burkhard: Neue Hauswirtschaft für die postmoderne Gesellschaft. In: Aus Politik und Zeitgeschichte, 9/2003

Reifner, Udo: Der lernende Kapitalismus. Finanzielle Allgemeinbildung als Schuldenprävention, Vortrag vor der Arbeitsgemeinschaft Schuldnerberatung der Verbände in Köln, 10. Juni 2002

Reifner, Udo: Finanzielle Allgemeinbildung. Bildung als Mittel der Armutsprävention in der Kreditgesellschaft, Nomos, Baden-Baden, 2003

Rosendorfer, Tatjana: Kinder und Geld. Gelderziehung in der Familie, Campus Verlag, Frankfurt a. M./New York 2000

Schwanitz, Dietrich: Bildung. Alles, was man wissen muss,

Wilhelm Goldmann Verlag, München, 2002

Shiller, Robert J.: Irrationaler Überschwang. Warum eine lange Baisse an der Börse unvermeidlich ist, Campus Verlag, Frankfurt a. M./ New York, 2000

Statistisches Bundesamt: Einkommens- und Verbrauchsstichprobe, Wiesbaden, 1998

Taleb, Nassim Nicholas: Narren des Zufalls. Die verborgene Rolle des Glücks an den Finanzmärkten und im Rest des Lebens, Wiley-VCH Verlag, Weinheim, 2002

Thaler, Richard H.: The Winner's Curse. Paradoxes and Anomalies of Economic Life, The Free Press, New York, 1992

UBS Warburg: The Savings Revolution, Global Economic & Strategy Research, Studie, 13. August 2002

Weber, Birgit: Die Bedeutung der Ökonomie in der Lehrerausbildung, Studie, Siegen, 2000

Weber, Birgit: Stand ökonomischer Bildung und Zukunftsaufgaben. In: Sowi-Onlinejournal 2/2001

Weiß, Reinhold: Ökonomische Bildung an allgemeinbildenden Schulen – Ergebnisse einer schriftlichen Befragung in vier Bundesländern, Arbeitspapier, Köln 1998

Wesel, Uwe: Risiko Rechtsanwalt, Blessing Verlag, München, 2001

Yergin, Daniel und Stanislaw, Joseph: Staat oder Markt, Campus Verlag, Frankfurt a. M./New York, 1999

Zeitungs- und Zeitschriftenartikel

Balzli, Beat: Wie die Spinne im Netz, Der Spiegel 19/2002

Balzli, Beat / Bott, Hermann: Die bluten alle ganz böse, Der Spiegel 6/2003

Beise, Marc / Bovensiepen, Nina: Der junge Wilde wird nachdenklich, Süddeutsche Zeitung, 15. Januar 2003

Boldebuck, Catrin: Erst die Mode, dann die Moneten, Stern 42/2002

Brost, Marc / Heusinger, Robert von: Seid bescheiden, Börsianer!, Die Zeit 2/2002

Brost, Marc / Rohwetter, Marcus: Hoffen, Bangen, Warten, Die Zeit 13/2001

Cassidy, John: The Woman in the Bubble, The New Yorker 9/1999

Diez, Georg: Begegnung mit einem Monster, Frankfurter Allgemeine Sonntagszeitung, 10. November 2002

Elkind, Peter: Where Mary Meeker went wrong, Fortune 10/2001

Fehr, Ernst / Renninger, Suzann-Viola: Gefangen in der Gedankenspirale, Die Zeit 48/2000

Feislachen, Heinz-Egon / Schnell, Christian: Um die Stars des Neuen Marktes ist es still geworden, Handelsblatt, 6. Januar 2003

Fix, Janet L: Summer Camp Is All Business for These Youngsters, The Salt Lake Tribune, 28. August 1995

Fleischhauer, Jan: Endstation Doctor Credit, Der Spiegel 5/2003

Fleischhauer, Jan u. a.: Aufpumpen und abstoßen, Der Spiegel 8/2001

Friemel, Kerstin: Wall Street im Zwielicht, Financial Times Deutschland, 21. März 2002

Gersemann, Olaf / Holzner, Marlene: Herrschaft der Alten, WirtschaftsWoche 47/2002

Halusa, Martin: Buy! Buy! Buy! Der tiefe Fall des Wallstreet-Analysten Jack Grubman, Die Welt, 5. August 2002

Hauch-Fleck, Marie-Luise / Rohwetter, Marcus: Abrechnung am 9. April, Die Zeit 14/2002

Hetzer, Jonas / Palan, Dietmar: Bankräuber in Nadelstreifen, manager magazin 2/2002

Heuser, Uwe Jean: Die Revolution hat begonnen, Die Zeit 43/2002

Jakobs, Georg / Schmitt, Jörg: Etikettenschwindel, manager magazin 10/2002

Kahl, Reinhard: Gläserne Schule, Die Zeit 32/2002

Kilian, Martin: Sorry, alles weg, Weltwoche, 24/2002

Lohrer, Ulrich / Perkmann, Jutta: Ist der Euro ein Erfolg, Herr Welteke?, Finanzen 01/2003

Morchner, Thomas: Prophet in eigener Sache, Die Zeit 6/2002

NN: Die entthronte Königin des Internets, Handelsblatt, 12. März 2001

NN: Erst Totalverlust, dann Steuerfahndung, Die Rheinpfalz, 30. Oktober 2001

NN: Tausende Pfälzer vor dem Nichts?, Die Rheinpfalz, 5. November 2001

Pauly, Christoph: Der Guru des Neuen Marktes, Der Spiegel 42/2000

Pauly, Christoph / Reuter, Wolfgang: Kaufen, kaufen, kaufen, Der Spiegel 50/2000

Piper, Nikolaus: Analysten an der Macht, Die Zeit 17/1999

Prüfer, Tillmann: Ochners Vermächtnis, Financial Times Deutschland, 10. April 2001

Rauner, Max: Sorry, Einstein, Die Zeit 18/2003

Riecke, Torsten: Der Rattenfänger der Wall Street, Handelsblatt, 24. Juli 2002

Rückert, Sabine: Darf's noch etwas mehr sein?, Die Zeit 17/2003

Stemmler, Theo: Die Hausse des Analysten, Frankfurter Allgemeine, 9. August 2001

Sternberger-Frey, Barbara: Betrügen leicht gemacht, Stern 8/2001

Uchatius, Wolfgang: Der Mensch, kein Egoist, Die Zeit 23/2000

Ullrich, Bettina: Eine Bank von Frauen für Frauen, Münchner Merkur, 12. Januar 2003

Waters, Richard / Ratner, Juliana: Wall Street's Faithful Bull, Financial Times, 17. August 2002

Wilts, Petra: Speerspitzen im Heuhaufen, Jumag 8/2002

Register